板書で分かる世界一のクラスの作り方

ぬまっち1年生奮闘記

東京学芸大学附属世田谷小学校
沼田晶弘

学校図書

まえがき

「1年1組沼田晶弘先生」

キョトンとした。いきなり名前呼ばれた！

教員会で次年度の担任クラスが発表された。通常、1年1組から順番に発表されていくのだが、最初に名前を呼ばれてしまい、心の準備もできていなかった。

実は覚悟していたところもある。

小学校教師になって10年。中学年、高学年を中心に担任していたが、いろいろな学年を経験させたいという管理職の思いも聞いていた。だから予想はしていたのだ。そろそろ1年生あるんじゃないかなって。でも、やっぱり不安は大きかった。いや、無理だろ〜できないよ〜。

家に帰って冷静になると、4月からのプランをいろいろ考えてみる。1年生ってどんな感じなんだ？何ができるんだ？何すればいいんだ？振り返ってみると、今まで積み重ねてきた実践って、言葉を使って、ディスカッションして、学びを深めるってのがほとんどで、いわゆる【得意技】は使えるのか？【ダンシング掃除】はイケるとして、【勝手に観光大使】は？【ワードバンク】は？……どうやら今までの【得意技】の8割は使えなさそうだ……。

過去に1度、2年生を担任したことがある（3代目世界一のクラス）。その時のことを思い出してみる。初めての2年生。できるんだろうか？って不安の中でスタートした。あーでもない、こーでもないと試行錯誤を続けること1年間。思えば今の【得意技】の多くが、あの時から始まっている。

彼らは彼らなりにできるはず。2年生だからできるはずとか、2年生はこんなもんでしょう、と決めつけるのではなく、彼らと一緒にできることを重ねていった結果、楽しい1年間を過ごすことができた。そして何より、教師として、今までの実践をブラッシュアップし、大きなターニングポイントとなったと思える1年間だった。

今までの実践は当然そのままは使えない。どこまで使えて、どこまでアレンジするか。子どもたちの様子をじっくり観察して、なにか新しい実践が生まれるはず。1年生でもこんなに楽しくできたって、さらに実践をブラッシュアップして、数年後にはココが次のターニングポイントだった!って思えるはず。面白くなってきたぞ!(↑ポジティブなんです)

そんな気持ちで始まった「はじめての1年生」奮闘記。今となっては「7代目世界一のクラス」となった子どもたちとの大切な思い出になりました。本書では1年間の出来事を板書を中心にまとめてみました。読んでいただくみなさんの参考になれば嬉しいです。

1ねん1くみ
よろしく!

もくじ

2018年
春・夏

2018年春　出会い

ボクは今まで1年生を担任したことがない。

クラスは高学年が中心で、ある程度の言語能力、コミュニケーション能力を有していることが前提でクラスを組み立ててきた。

今、この食い入るようなまなざしでボクのことを見つめている可愛い生命体に、「ことば」が通じるだろうか?

ボクは、そのとき思った。

「**「きちんと」や「ちゃんと」といった**

あいまいな指示でなく、具体的で明確な「ことば」で伝えよう！」

そして、ボクは保護者を含め新1年生に言っていた。

「1年1組を世界一のクラスにします！」

ボクと子どもたちの挑戦が始まった。

キャプテン体制を作る

ボクは、うっかり入学の全体会で自分の名前を言い忘れるという失敗をしている。

そこで、教室で黒板に**「ボクの名前は、ぬまた……」**と書きながら、ふと子どもたちを見ると、隣の子とおしゃべりしたり、保護者に手を振ったり、もらった教科書を眺めていたり、思い思いの時間をすごしている。

「ハイ、おしゃべりやめて！」
「黒板を見て！」
「机の上のものをしまって！」
「ハイ、黒板を見て！」

ここまで言わなきゃいけないの、と思いつつ、気を取り直して反省（笑顔！笑顔！）。

学校生活が始まると、1年生は基本「指示待ち」、先生には「内部告発」の嵐。

休み時間になると、

「○○さんが先生の言うとおりやっていません」

「△△さんと××さんとが、けんかしています」

小競り合いの情報の洪水。

クラスのまとまりを作りたい！

どうすればよいのか？

「よし、クラスをチームにしよう！

一人ひとりがチームの一員だと自覚すればきっとまとまる」

「そうだ！チームならばキャプテンが必要だ」

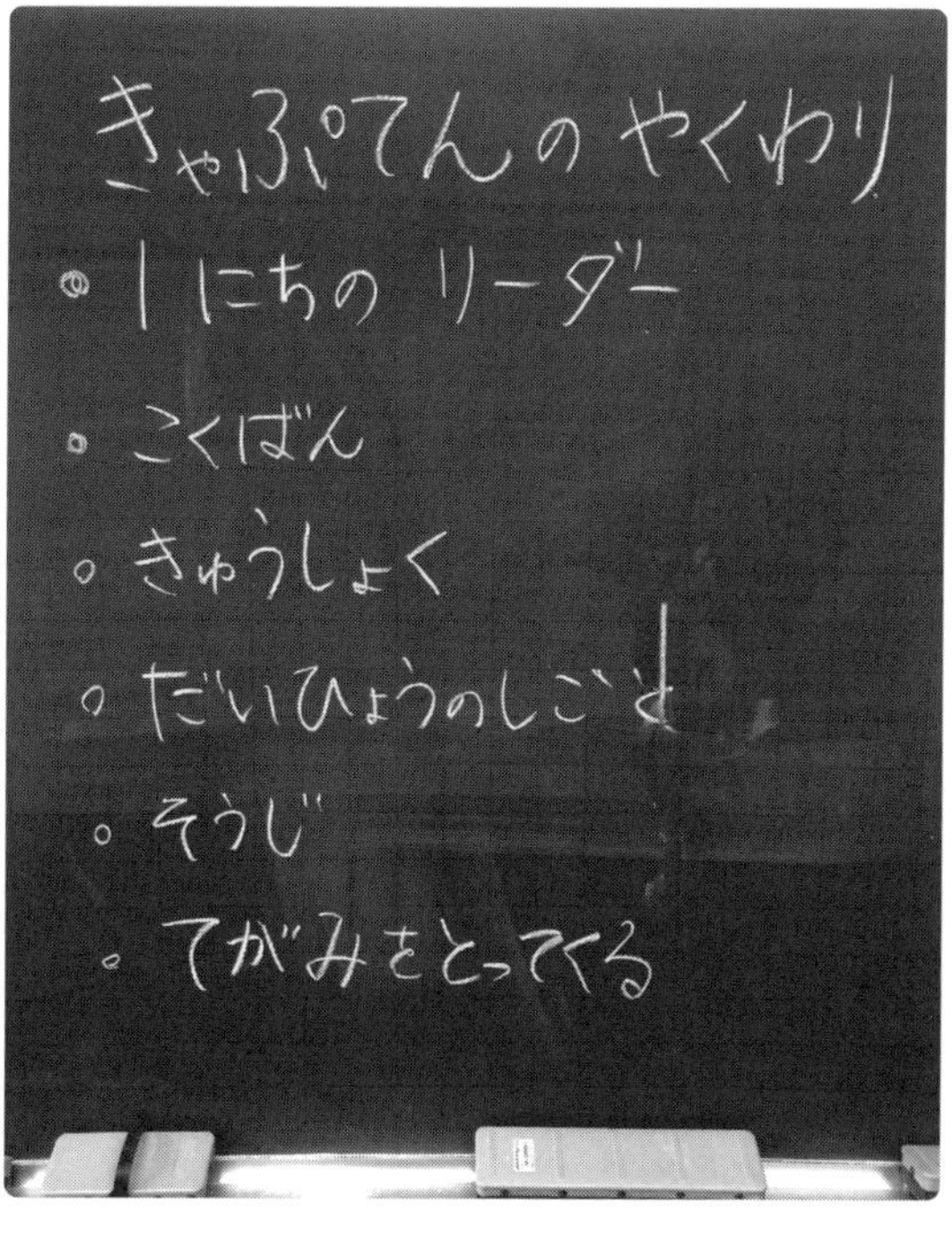
きゃぷてんのやくわり
1にちのリーダー
こくばん
きゅうしょく
だいひょうのしごと
そうじ
てがみをとってくる

役割を決めて自覚

キャプテンは誕生日順に毎日変わるようにした。

1月生まれから12月生まれまで、順番が決まって、キャプテン体制がスタート。

キャプテンの役割は、

・朝の会の進行
・黒板消し
・給食当番の補助
・授業開始の挨拶
・帰りの会の進行

などで、1日クラス全体を見る。

「委員」「係」ということばより、**「キャプテン」**の方が子どものやる気がグーンとアップ

する。さらに、腕に巻いた「C」マークの腕章は子どもたちにとってはカッコいい、憧れの腕章。

子どもの文化の中から「ネーミング」を探すと、子どもの理解が早く、なりたい自分が見えてくる。

だんだん、先生に「内部告発していた」子どもが、1日の「キャプテン」が明確になることで、キャプテンを中心に話し合いをするようになり、子どもたちでなんとかしようという気持ちが芽生えてきた。

キャプテンは毎日変わるので、結局たくさんの友達同士がお話しするようになっていく。

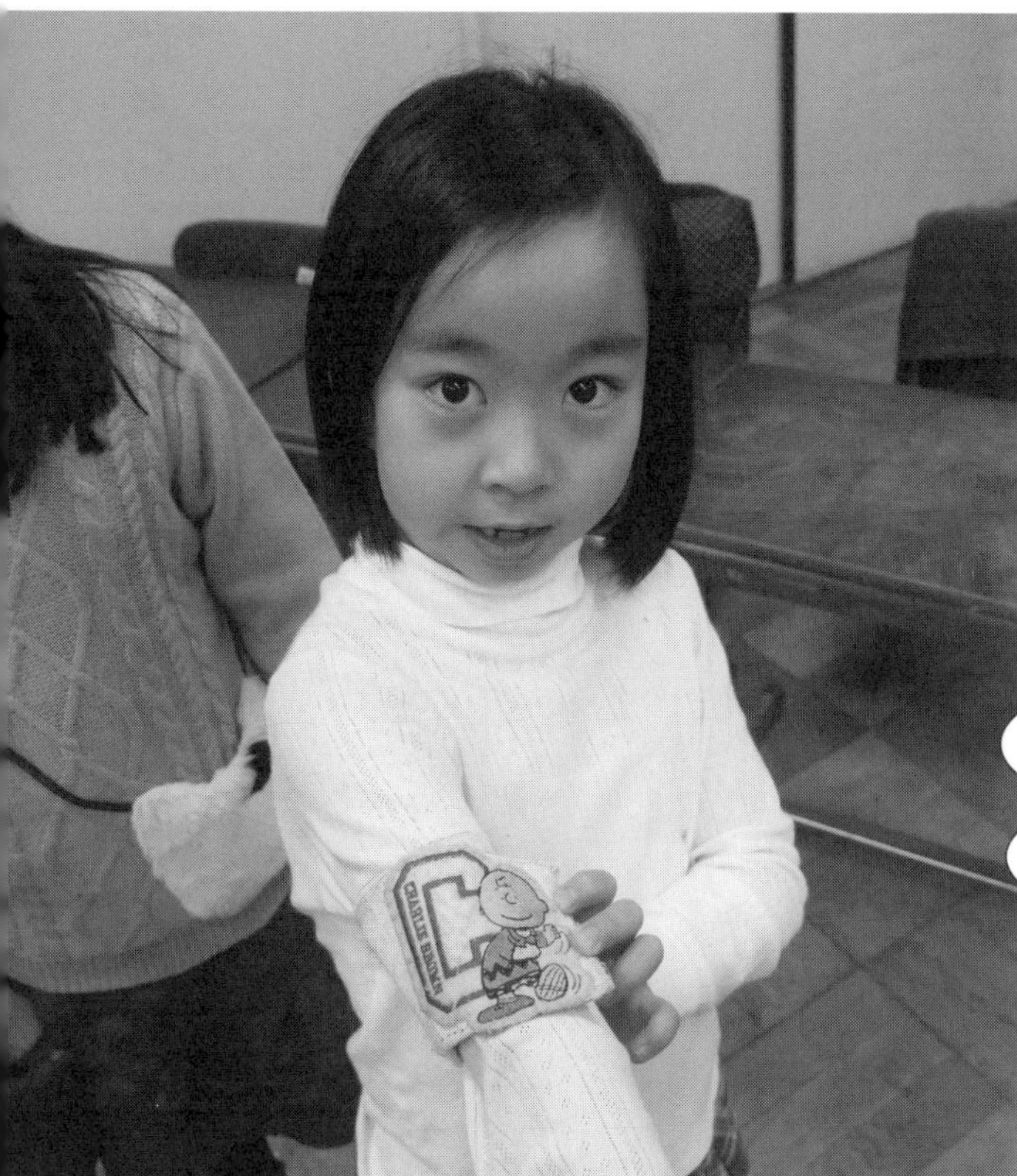

この「ネーミング」の方法、これからたくさん出てくるよ。

スキキライハ　オモイコミ

1年生の給食はワンダーランドだ。

学校給食が始まると、あっちこっちで紛争が勃発する。

「牛乳こぼした〜」

「○○が食べれませ〜ん」

「食べたら遊んでいいですか〜」

「まだ、食べている人がいるでしょ」

「静かにしてくださ〜い！」

「××さんは△△を残しています」


ある日、ボクのところに「牛乳が飲めません」という報告があった。

ボクは、その子が牛乳アレルギーでないことを知っていたので、

「ソフトクリームは好き？」

って聞いた。

「大好き！」

と応えたその子に、

「ソフトクリームは牛乳でできているんだよ」

と返した。

その子は、その日半分ぐらい牛乳を飲んだ。次の日から全部飲めるようになった。

その日からクラスのおまじないができた。

「スキキライハ　オモイコミ」

アレルギーはチェックしなければならないが、そのほかの食べ物の「スキ・キライ」は思い込んでいるだけのことが多い。1年生なら、まだなおるかも、でも無理はいけないのでバランスを考えて！

ぬまっち式「ひらがなスキャン」学習法

「ひらがな」がしっかり書けるようになるのが、1年生の大切な学習である。

教科書には書き順が赤い矢印（↓）とともに示されている。

ボクが大切にしたいのは、あの4つに分けたます目のどこから書き始めて、どこで終わるのか、である。

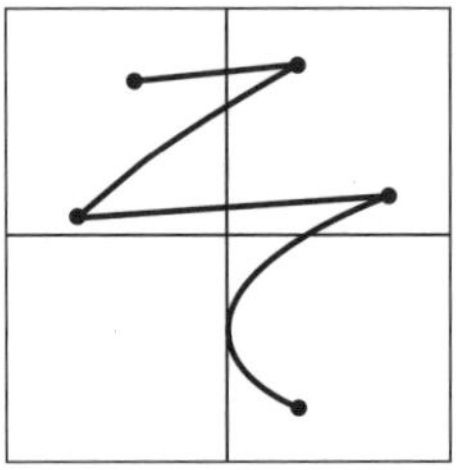

教科書の見本を見ながらはじめの点、終わりの点を決めていく。
それから、線がまっすぐなのか、まがっているのか、どのくらいまがっているのかスキャンする。
これを発表し、スキャンして見つけたポイントを、みんなでシェアする。

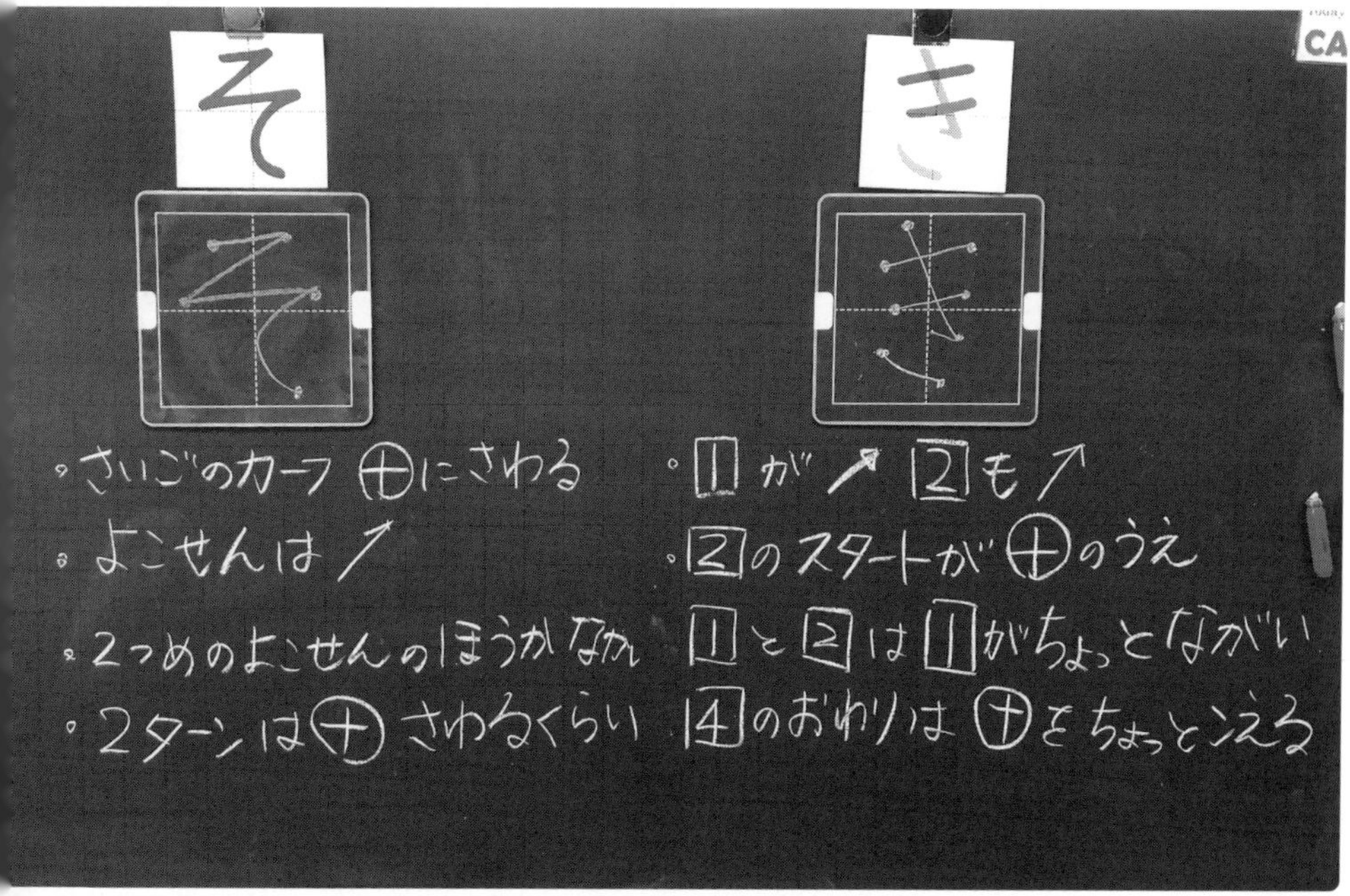
そ
き
・さいごのカーブ ⊕にさわる
・よこせんは↗
・2つめのよこせんのほうがなが
・2ターンは⊕さわるくらい
・1が↗ 2も↗
・2のスタートが⊕のうえ
1と2は1がちょっとながい
4のおわりは⊕をちょっとこえる

すべての点やまがり方のスキャンが完了したら、スキャンした点をつないでいく。

自分が作った自分の見本を見ながら、ひたすら「ひらがな」を書く。

自信作ができるようになったらボクに見せる。まったくの主観で「花丸」、「合格」、「おしい」の評価をして、**「おしい人は家で練習しよう」**と促す。

ころあいを見計らって、**「かけるようになったひらがな4文字を使って、ことばをつくる」**課題をだす。

基礎・基本から活用まで「ひらがな」の学習もアクティブに！

よんもじのことば

1年生の1学期。

1年生はどのくらいボキャブラリーを持っているのだろう。

ひらがなは1年生で学ぶ学習内容ではあるが、幼稚園や保育園で、遊びを通して沢山のことばが子どもたちの頭の中に入ってきている。

他に子どもたちはどんなところで「ことば」をストックしているのだろう。

友達同士の会話から、保護者との会話から、兄弟から、テレビ、インターネット等から、あらゆる機会で子ども

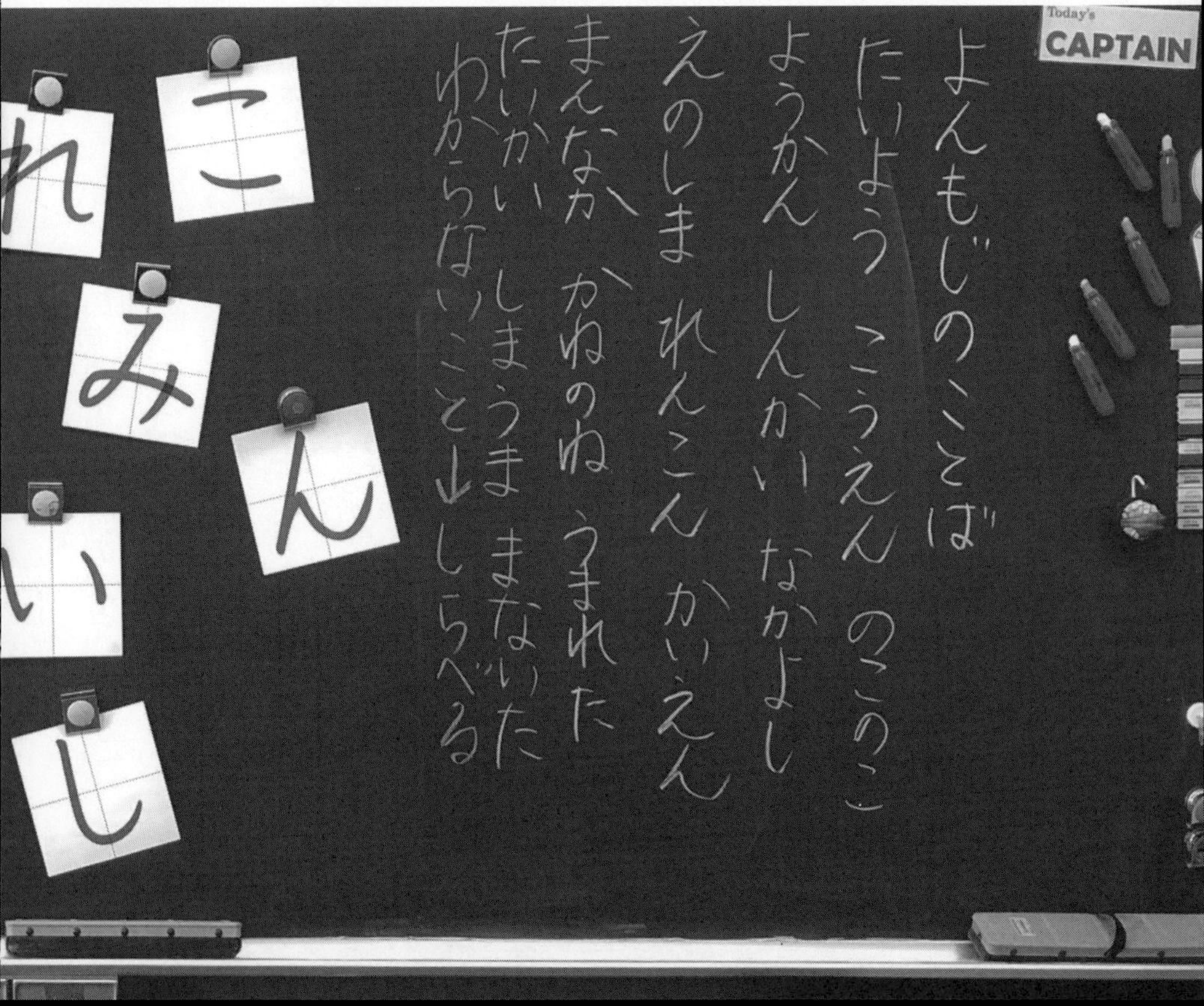
Today's
CAPTAIN
よんもじのことば
たいよう こうえん のこのこ
ようかん しんかい なかよし
えのしま れんこん かいえん
まんなか かねのね うまれた
たいかい しまうま まないた
わからないこと↓しらべる
こ
れ
み
ん
い
し

たちは「ことば」の洪水の中にいる。

そこで、学んだひらがなを使って「ことば」を考えさせてみた。

考えた「ことば」をノートに沢山書けば、自然にひらがなの練習にもなる。

とにかく、学んだひらがなの数が少ないため、思うようにことばが作れないと思っていたら……

「こうえん」「たいよう」「のこのこ」「ようかん」「れんこん」「まんなか」「かねのね」「うまれた」出るわ出るわ。

2文字のことば、3文字のことばとともに、たくさんのことばを考え、それをノートに書いてから発表する。

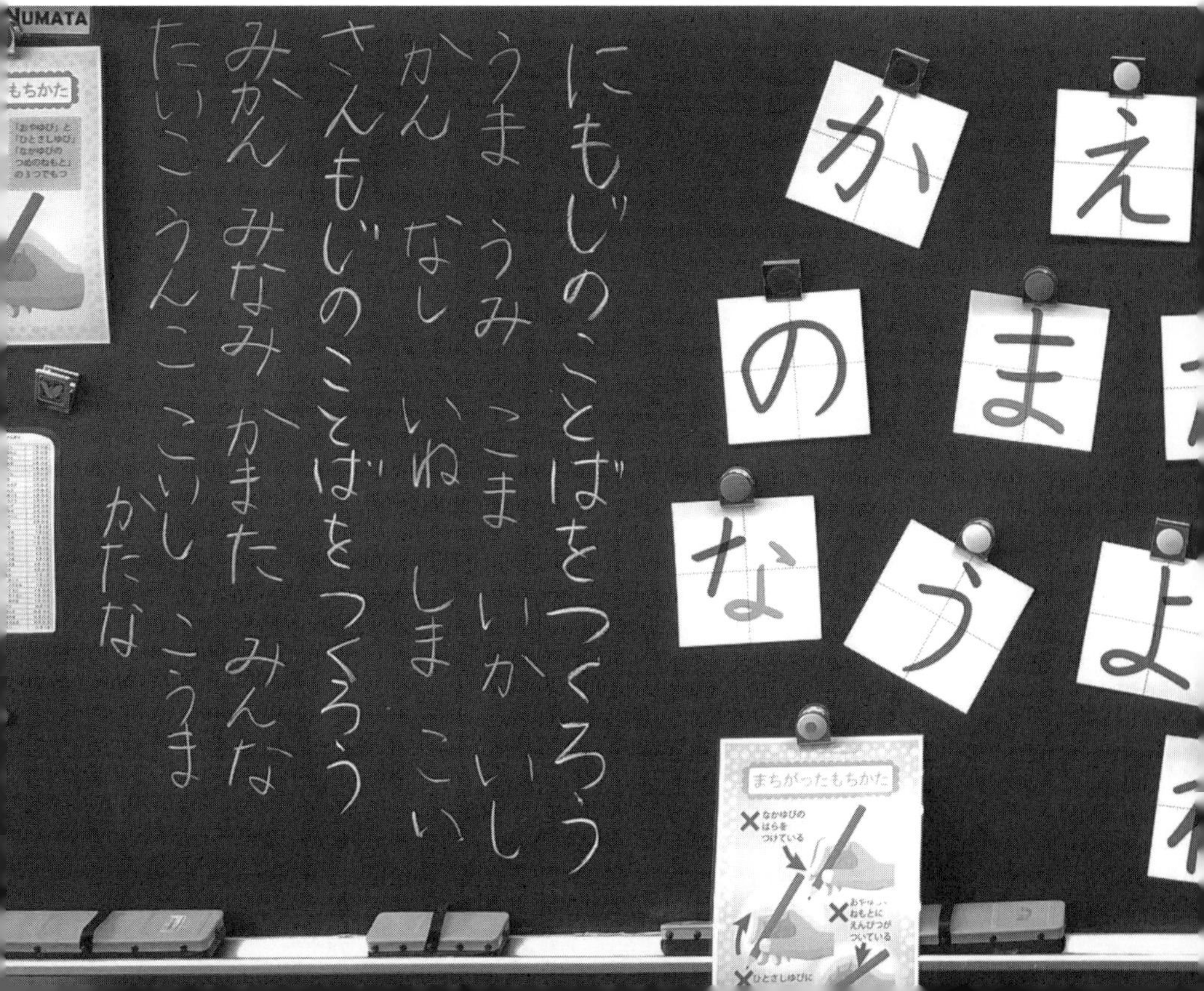

ゲーム感覚でことばを考え、それをノートに書く。授業後には多くの文字がノートに踊っていた。

次は「ことば」の仲間分けをやってみようかなって、ひらめいた。

「こうえん」「たいよう」「のこのこ」「ようかん」「れんこん」「まんなか」「かねのね」「うまれた」

これらのことばを仲間分けしてみようと問えば、

「こうえん」「たいよう」「ようかん」「れんこん」
「のこのこ」
「まんなか」
「かねのね」
「うまれた」

というように分類するかもしれない。

理由に「なまえ」「ようす」「ぶん」「どうさ」などのことばが出れば次に繋がるような気がした。

こうえん　たいよう　ようかん
れんこん　たいかい　しまうま　なまえ
まないた
のこのこ　まんなか　ようす
うまれた　しらべる　どうさ
かねのね　ぶん

考える「運動会」

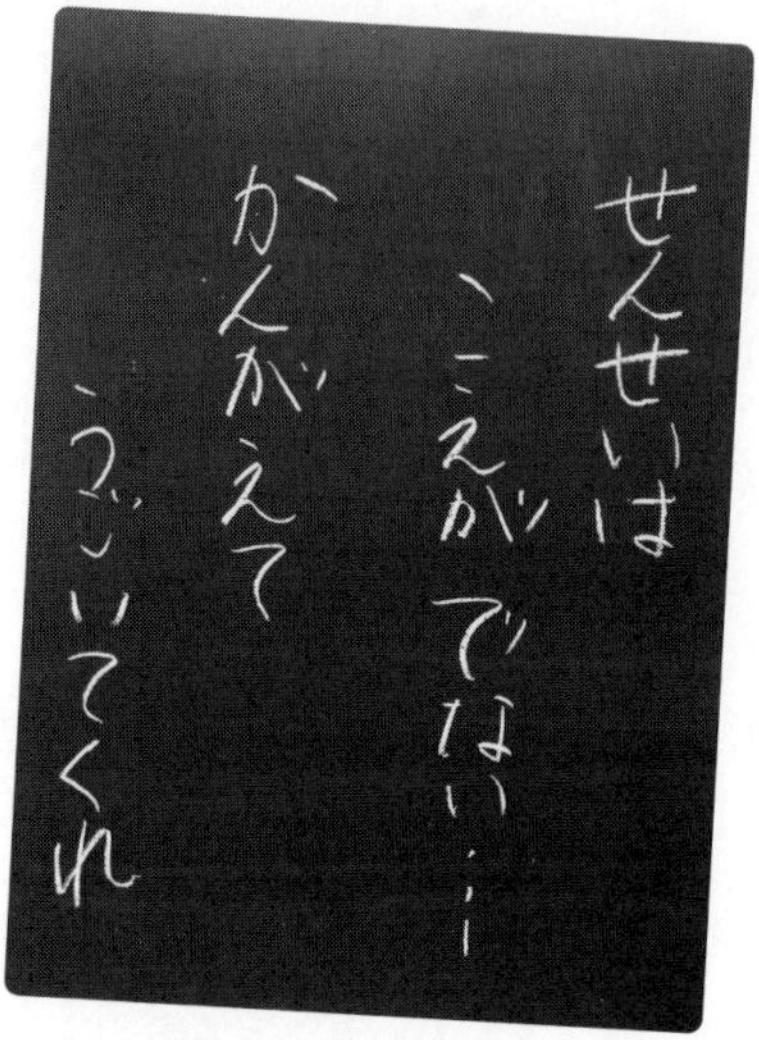

5月に入ったら急に声が出なくなった。かぜを引いたのか？　飲みすぎか？　理由が分からない。

しかし、声が出ないんだから仕方ない。いいチャンスだ。子どもたちに委ねてみようと思った。朝、黒板に「せんせいはこえがでない」「かんがえてうごいてくれ」と書いた。

今日は朝から運動会の練習である。クラス対抗リレー勝利を目指している1年1組は練習にも熱が入る。

低い障害を乗り越えて、コーンを回って帰ってくるリレーがある。これに勝つために3つの目標を掲げていた。

1．途中で転んでも泣いたり、拭いたりしないですぐに走る。
2．コーンは大回りしない。
3．コーンを回った後もスピードを上げて、ひたすらゴールを目指す。

コーンを回るときの方法は、それぞれが工夫しながら考えている。


「コーンの手前でまがる姿勢をとり、ぎりぎりを通過するといい」

「スピードが落ちても大回りしない」

「直線で取り返せればいいね」

子どもたちが話し合いながら練習している。


結局、1年1組はこのレース1位となる。

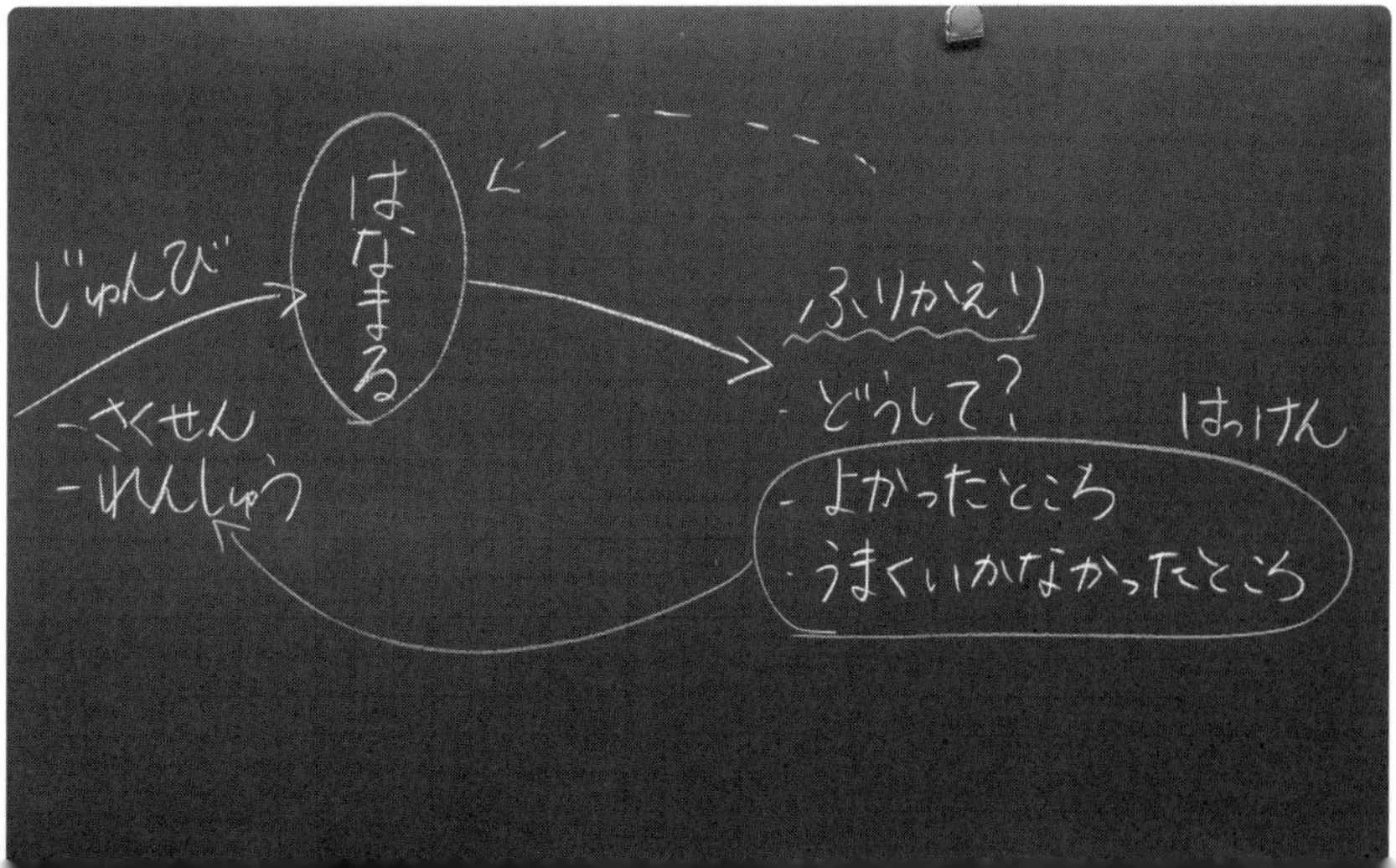

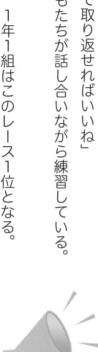

ぬまっちがんばれ!!

つい最近まで4年生との生活を送っていたボクは、初めての1年生を担任し、運動会の練習、慣れないひらがなの板書、思うように伝えられない「ことば」に苦戦していた。

それを見ていた、元教え子の5年生たちが、運動会練習中に教室に入ってきて書き残したメッセージ。

「ぬまっちがんばれ!!」

これをみた1年生、「ぬまっち頑張っているよねぇ」「なんだろうね」

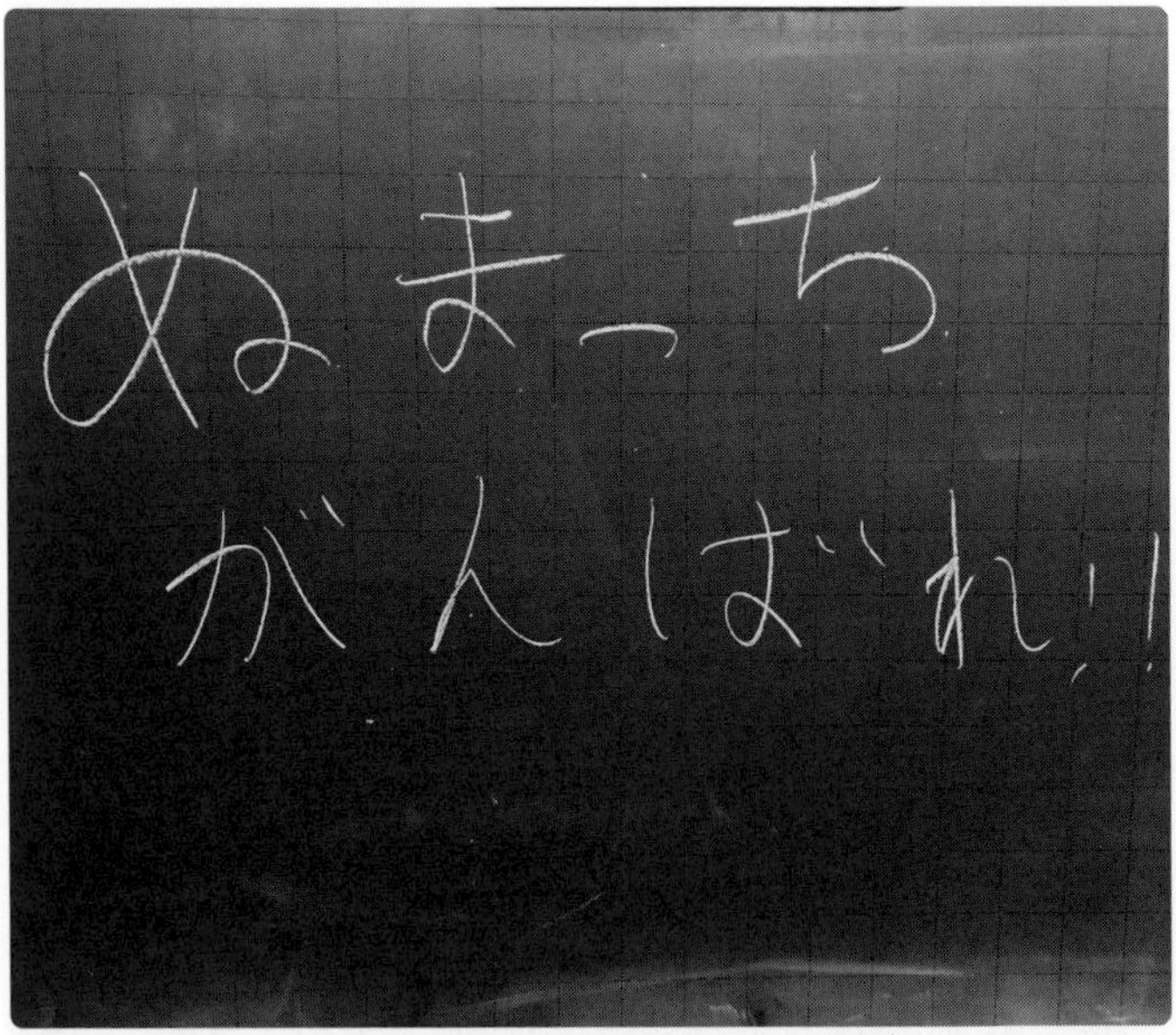

それを聞いた5年生、

「ぬまっち、1年生はぬまっちが普通にやってるように見えてるみたいじゃん。やるじゃん」

おいおい。と思ったけど、どちらのコメントにも励まされパワーをもらった。


ボクは昨年まで4年生以上の学級経営をしてきた。はじめての1年生学級だったので、教え子の新5年生が心配してくれていたようだ。

小学校の5年生は1年生に比べて、心も体も成長が著しい。5年生にとっても1年生はかわいい存在だけど、やんちゃな面があることを知っている。


ボクが話すことが難しくて1年生には通用しないと思っていたようだ。

1年生の「ぬまっち頑張っているよねぇ」の感想で5年生の不安が一掃されたようだ。

5年生にとってぬまっちの普通は「頑張っている」ということがとても嬉しく感じた。

ダンシング掃除開始

高学年を担任するときは、ダンシング掃除は定番になっている。音楽がかかるのは数分間であるが、その掃除時間に子どもたちは集中する。しかも時間通りに机の移動を含めて掃除が終了する。

このダンシング掃除が1年生でできるか。ボクが選んだ音楽は、当時はやっていたダンスグループの曲、講師に知り合いのダンサーを呼んで、まずはダンスのレッスンからスタート。

最初は動きが幼く、キレがないが、見る見

ダンシング

るうちに動きが様になってくる。

子どもの学習の能力は恐るべしである。

掃除の時間に実践開始。

音楽がかかるとその場でダンス開始。楽しそうに体を動かしている。なんとダンスのキレがますます良くなっている。

きっと家でも練習しているに違いない。

見事に掃除時間内に机と椅子を元の位置に戻して掃除終了。

床は拭き残しなしである。

音楽が子どもたちに意欲を出させ、その気持ちの高揚がダラダラ掃除を一掃してしまった。

やるね！　1年1組。

掃除

「あさがお」を育てよう

子どもたちが、あさがおの種を植えている。種を大切に、慎重に土の中に入れている姿がかわいらしい。

植えた後、水をかけて手を合わせている子がいる。

「早く芽が出ないかな」

「ちゃんと大きくなるかな」

「どんな花がさくのかな」

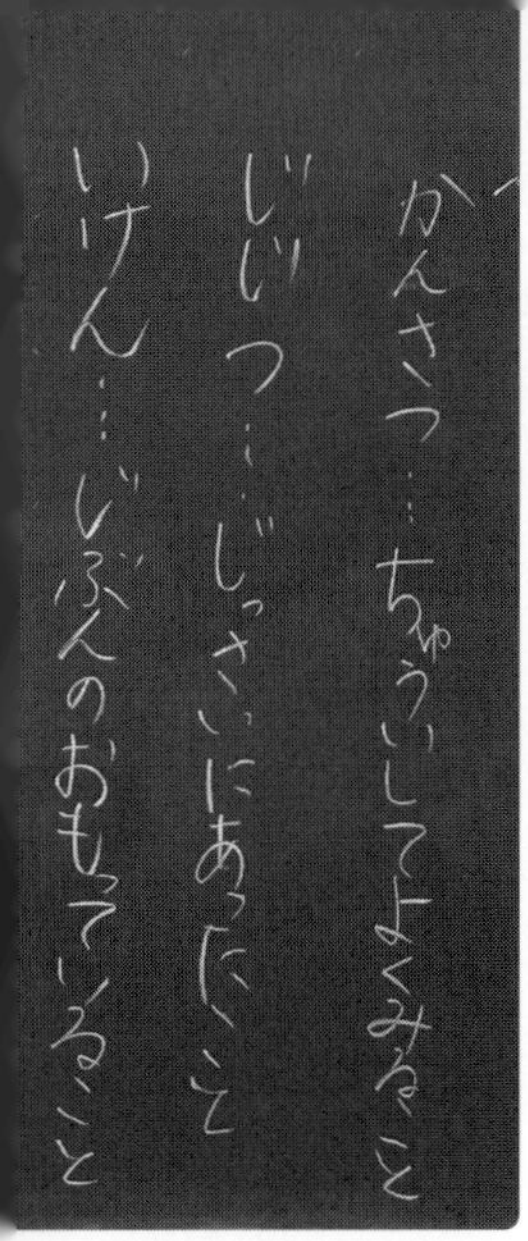
かんさつ…ちゅういしてよくみること
じじつ…じっさいにあったこと
いけん…じぶんのおもっていること

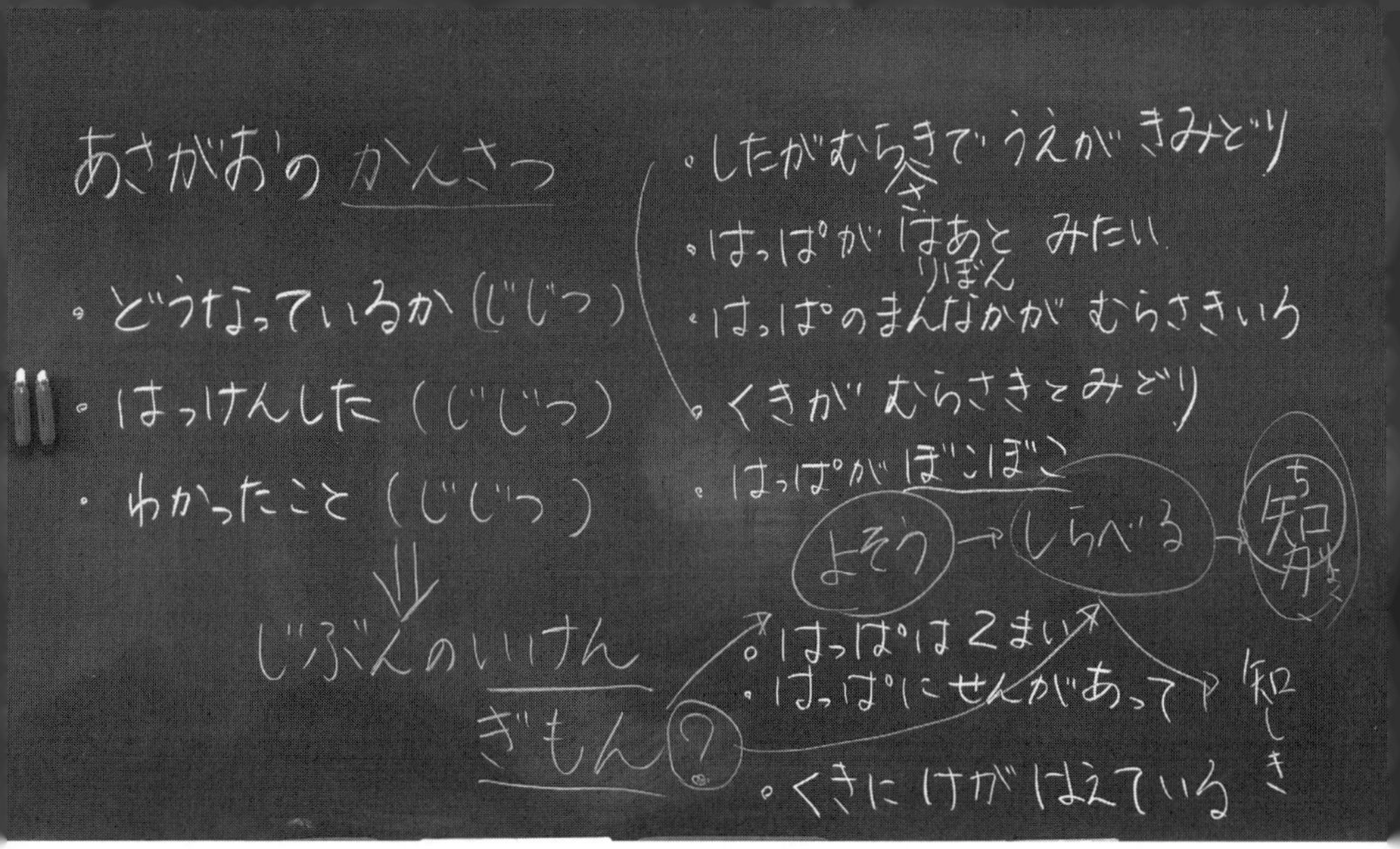

いろいろな思いが、自分のあさがおに込められている。

子どもの思いや気持ちも大切だけど、科学する心も育てたい。だから「かんさつ」について話した。

「かんさつするときのポイント言うよ！
かんさつは、注意深く見ることだよ。その上で見つけた。
・じじつ（かたち、いろ、におい　など）
と、それに対する
・いけん（〜ににている、〜がしんぱい、〜がすごい　など）
を分けて書くこと」

子どもたちの「あさがお日記」が少しずつ「あさがおのかんさつ」に変わっていった。

「ふじが池の魔力」は克服できるのか

―問題解決にPDCAサイクルをまわす―

長い休み時間が終わって、３時間目に入るとき、数人の子どもがまだ教室に戻っていない。

このところ外で遊んでいる子どもの戻りが遅い。

「〇〇さんは、ふじが池でまだ遊んでいます」

「ふじが池はザリガニがいて面白いので、時間を忘れてしまうよ」

子どもたちの呟きが聞こえる。

どうやら、ふじが池には魔力があるらしい。

よし、この「ふじが池の魔力」を使って問題解決の授業をしよう。

課題は「ふじが池の魔力を克服するには!?」である。

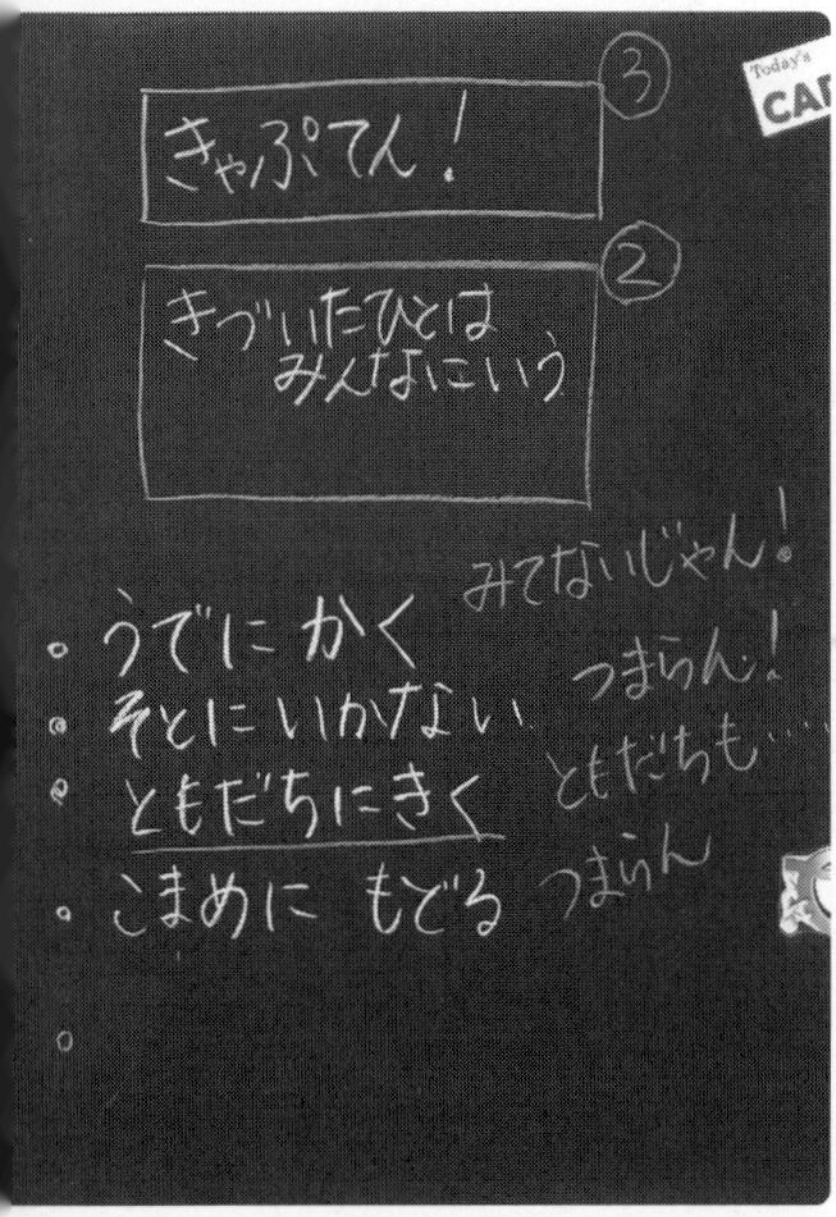

問題解決の方法としてＰＤＣＡ（ピー、ディ、シー、エイ）サイクルがある事を話す。

子どもは大人より外国語が好きである。

「なに？なに？ＰＤＣＡサイクルって？」

食いつきはすこぶるいい。

国語のローマ字はもちろん習っていないが、この学校では1年生から英語の時間がある。ＰＤＣＡはみんな読める。でも意味は分からない。

PDCA?

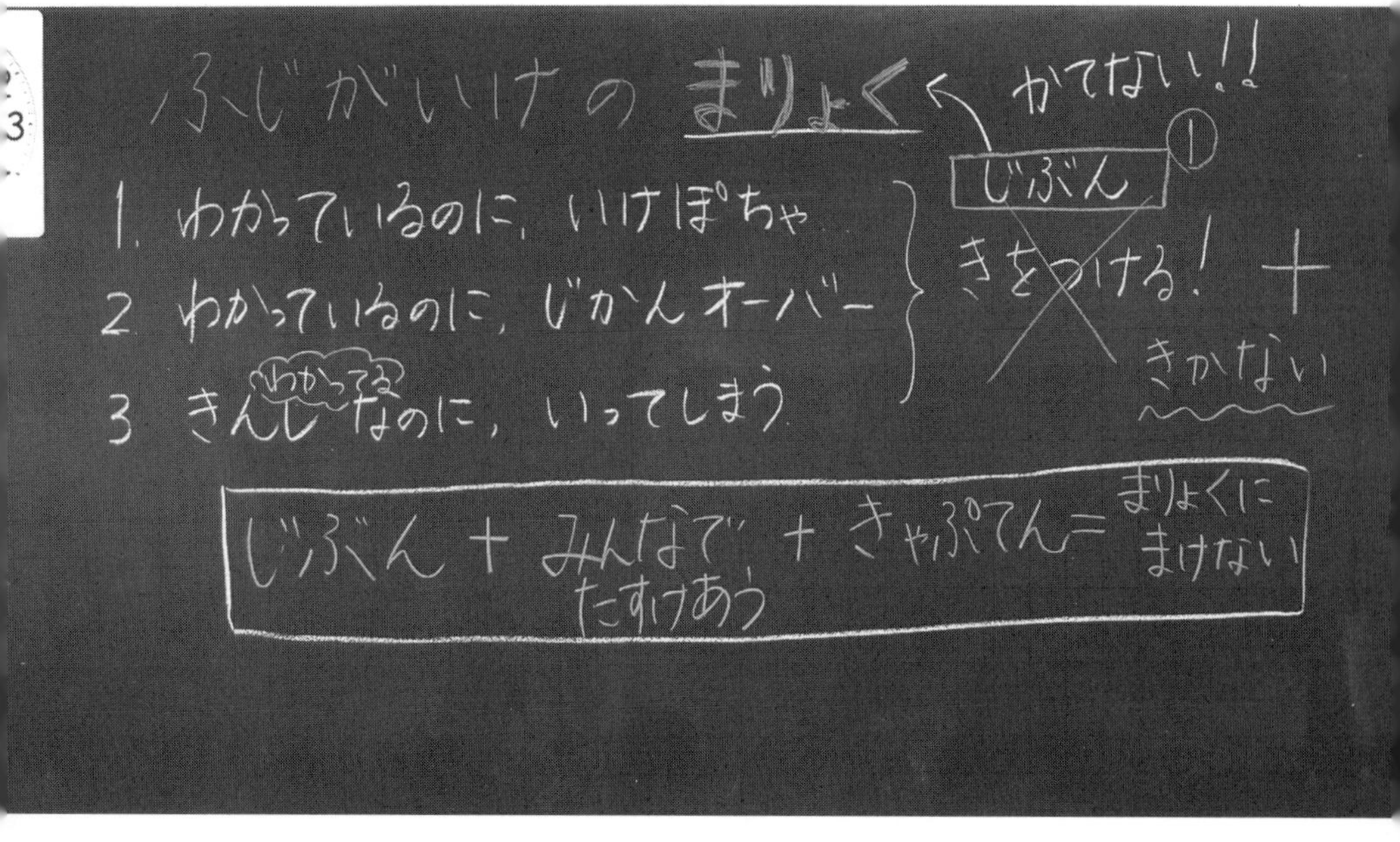
ふじがいけの まりょく く かてない!!
じぶん ①
1. わかっているのに、いけぽちゃ
2 わかっているのに、じかんオーバー
3 きんし わかってる なのに、いってしまう
きをつける!
+ きかない
じぶん + みんなで たすけあう + きゃぷてん = まりょくに まけない

PDCAサイクルってなに？

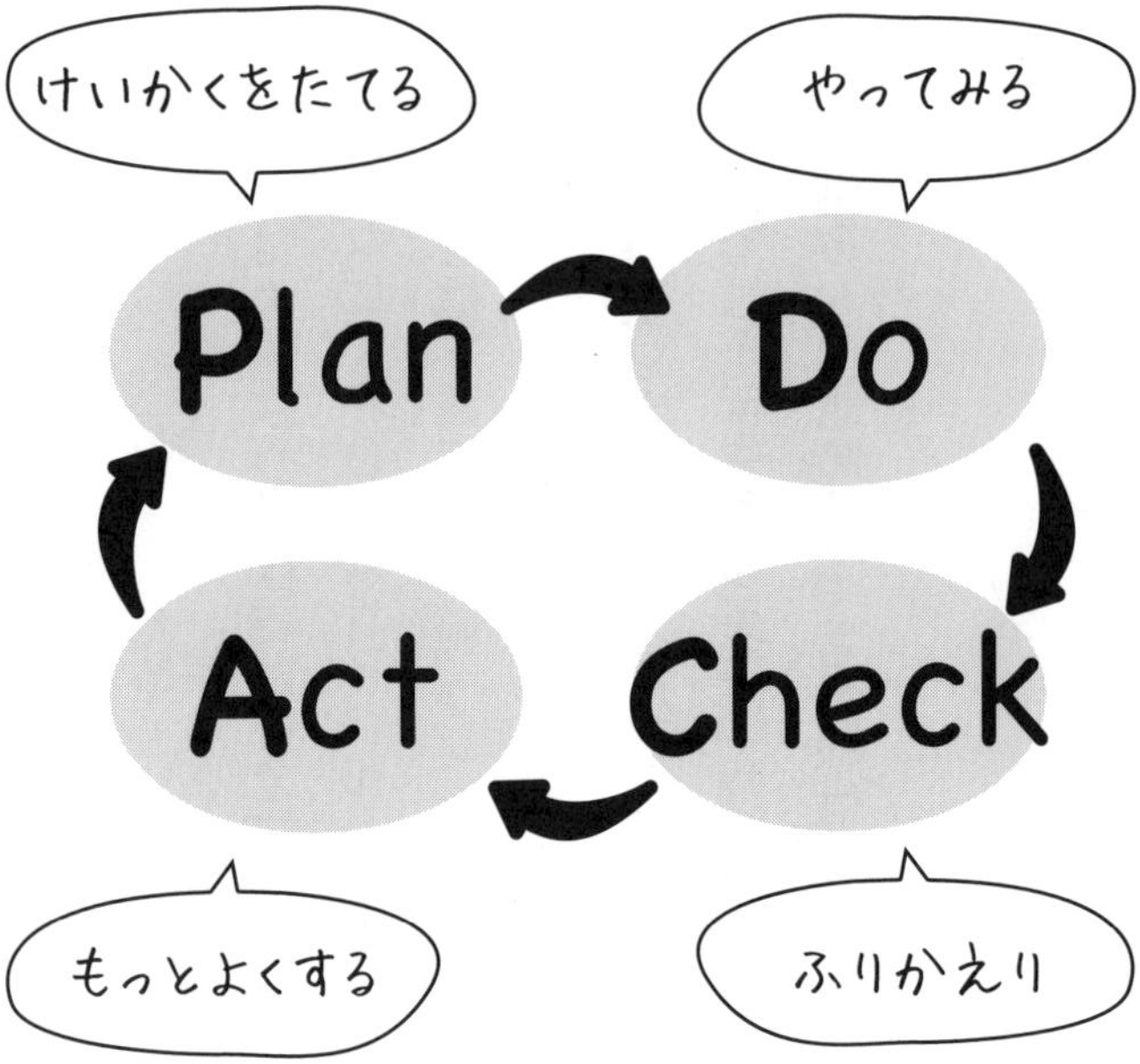
けいかくをたてる
やってみる
Plan
Do
Act
Check
もっとよくする
ふりかえり

「PはPlan（プラン）のPだよ。プランは問題を解決するための計画だよ。つまり〝けいかく〟」

「DはDo（ドゥ）のDだよ。ドゥは計画を実行することだよ。〝やってみる〟ということ」

「CはCheck（チェック）のCだよ。チェックは実行したことがうまくいっているか調べることだよ。だから〝ふりかえり〟」

「AはAction（アクション）のAだよ。アクションはうまくいっていないことを改善することだよ。さらに〝もっとよくする」

みんな時間を守らないといけないことは知っている。でも忘れてしまう。

そこで、

①じぶんできをつける。
②ともだちがよびにいく。
③キャプテンもよびにいく。

を順に実行し、ふりかえり、改善する作戦を展開した。

この作戦によって、誰かが気づき、声を掛け合い、キャプテンががんばり、みんなで協力して「魔力」に打ち勝ったのは言うまでもない。

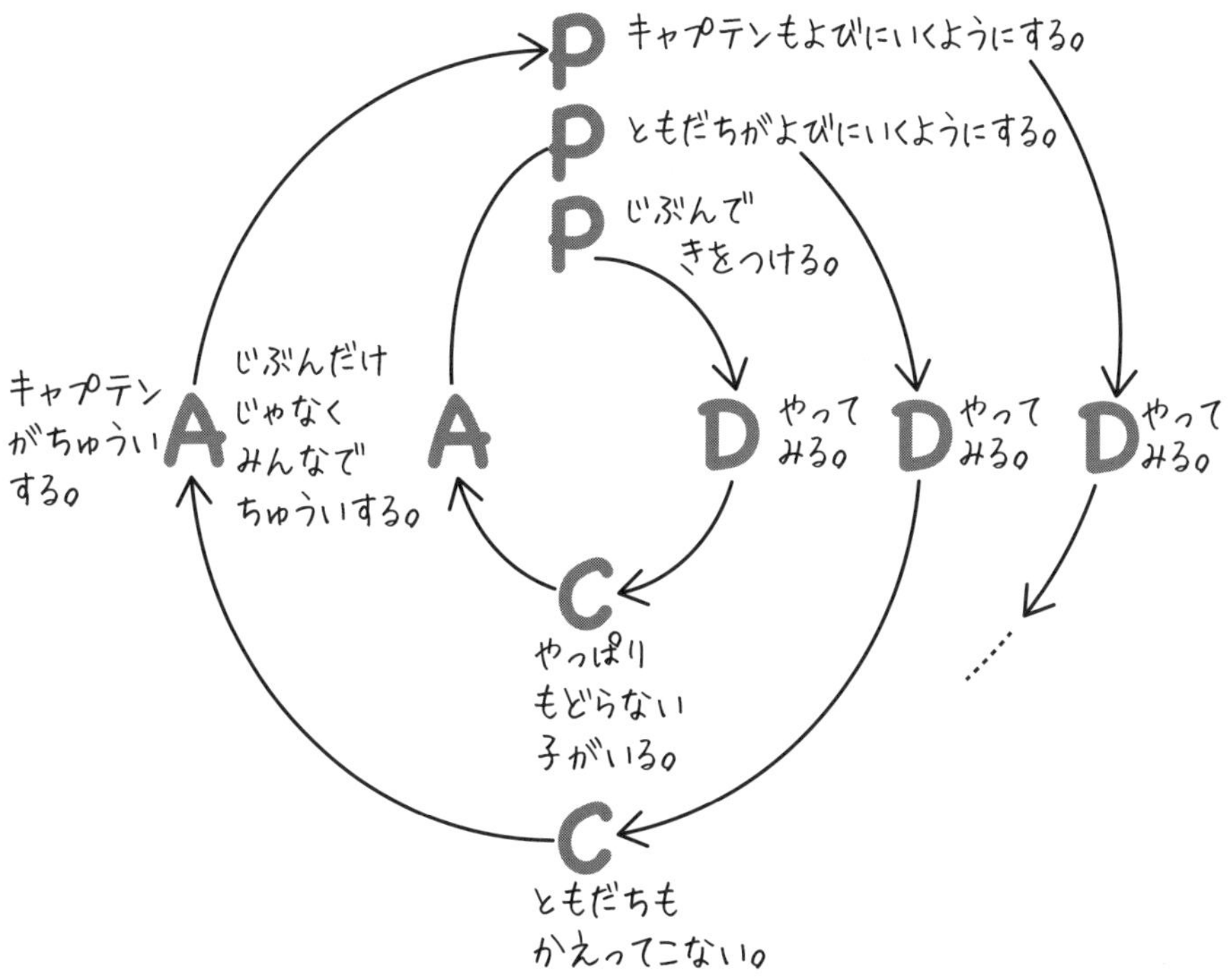
P キャプテンもよびにいくようにする。
P ともだちがよびにいくようにする。
P じぶんできをつける。
D やってみる。
D やってみる。
D やってみる。
C やっぱりもどらない子がいる。
A じぶんだけじゃなくみんなでちゅういする。
C ともだちもかえってこない。
A キャプテンがちゅういする。
……

「0《ゼロ》」の意味って？

1年生では「たし算」や「ひき算」が大切な学習内容である。

でもボクは、それと同じくらい「0」の意味を考えることが大事だと思う。

1年の算数の教科書にも「0」はさらっと扱われている。「0」について考えるのは1年生には難しいとの判断かもしれない。

でもボクは、1年生は1年生なりに「0」の意味をいっしょに考えてみようと思った。

まず、

「0はどういういみかな？」

とストレートに聞いてみた。

「何もないことだよ」

すぐに返答が来る。


「他の人はどう思う？」

と返すと、

「そうだよ」

「何もないことだよ」

と応える。

ボクは、

「0はなにもないということなの?」

と確認する。

「じゃあ、いらなくない?」

と聞く。


「うーん、いらないかも」

という子に対して、

「でも20と2の区別がつかなくなるよ」

と返す子がいる。

おっ!すごいこと言うね、と思いつつ「位」の話は2年生なので、ここはさらっとながす。

「そうだよね、0はいろいろなときに使っているよね。他にどんな風に使われている？」

と聞くと、

「今日の欠席は0人とか書くもん」

「野球も0対2とか言うよ」

という例が出る。

「きっと、「ない」かどうか分かるためだよ」

という考えにまとまっていく。

そこで次のような問題を出す。

「おとうさんが、あめを3こくれました。おかあさんは、くれませんでした。あわせてなんこもらいましたか」

そうすると子どもたちは、

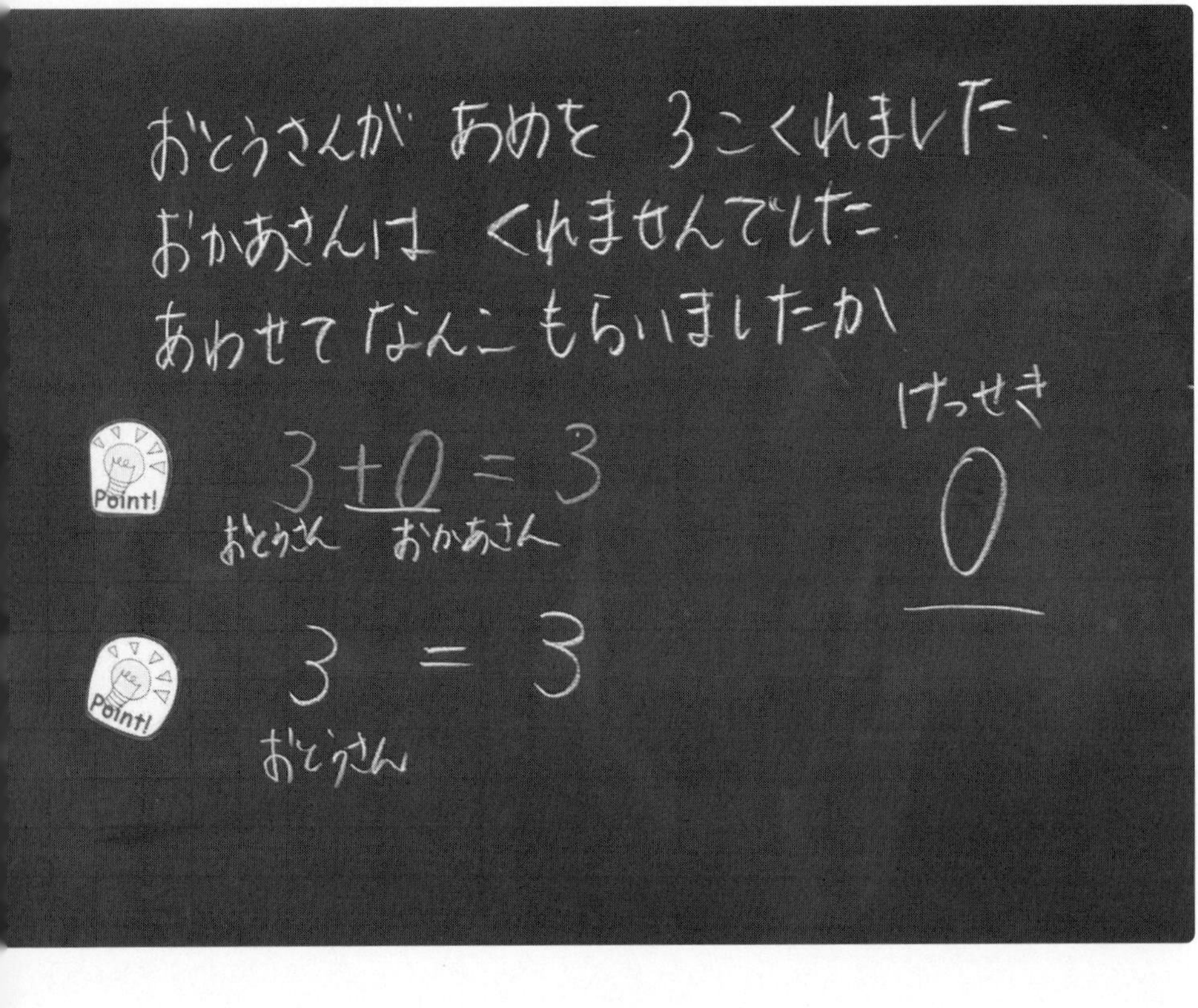

おとうさんが　あめを　3こくれました
おかあさんは　くれませんでした
あわせて　なんこもらいましたか
けっせき
0
Point!
3＋0＝3
おとうさん　おかあさん
Point!
3＝3
おとうさん

3＋0＝3
こたえ　3こ

という式と答えを出す。

「この式は、おかあさんが「なにもくれなかった」ことを表しているね」

「「3＝3」ではなにを表しているのか分からないね」

0を使うことによって式の意味がよく分かることを、子どもたちは気付いていった。

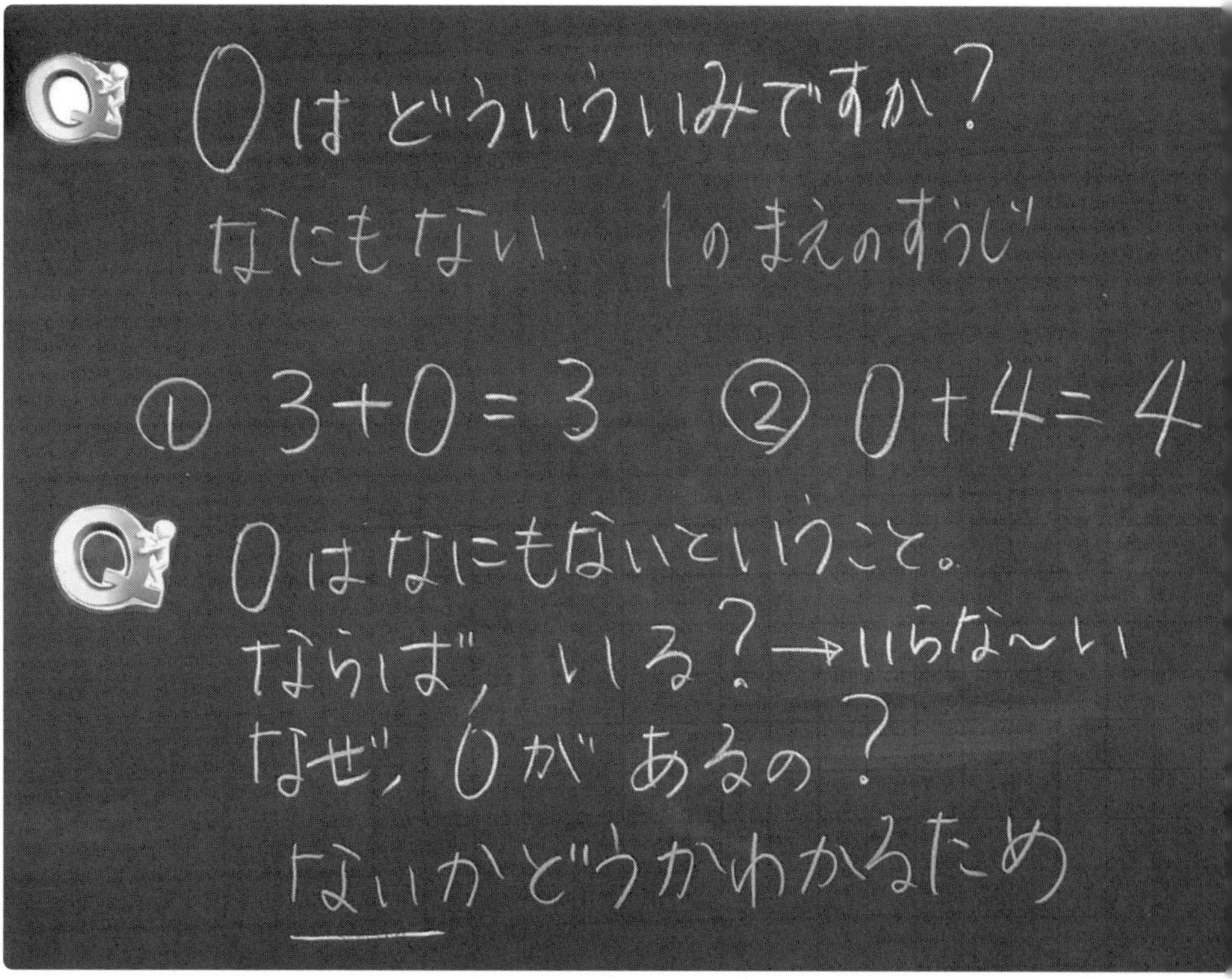
0はどういういみですか？
なにもない　1のまえのすうじ
① 3+0=3　② 0+4=4
0はなにもないということ。
ならば，いる？→いらな～い
なぜ，0があるの？
ないかどうかわかるため

なんばんめ

算数の教科書にある、どちらから何番目。

ブロックを並べて、

「このブロックは右から何番目？」

「右から6番目」

「左からは何番目？」

「左から5番目」

ブロックの位置を変えて、

「このブロックは右から何番目？」

「右から3番目」

「じゃ、左からは？」

「8番目」

そこで、首をひねる子どもが1人。

「ぬまっち、ブロックが10個しかないのに、たしたら

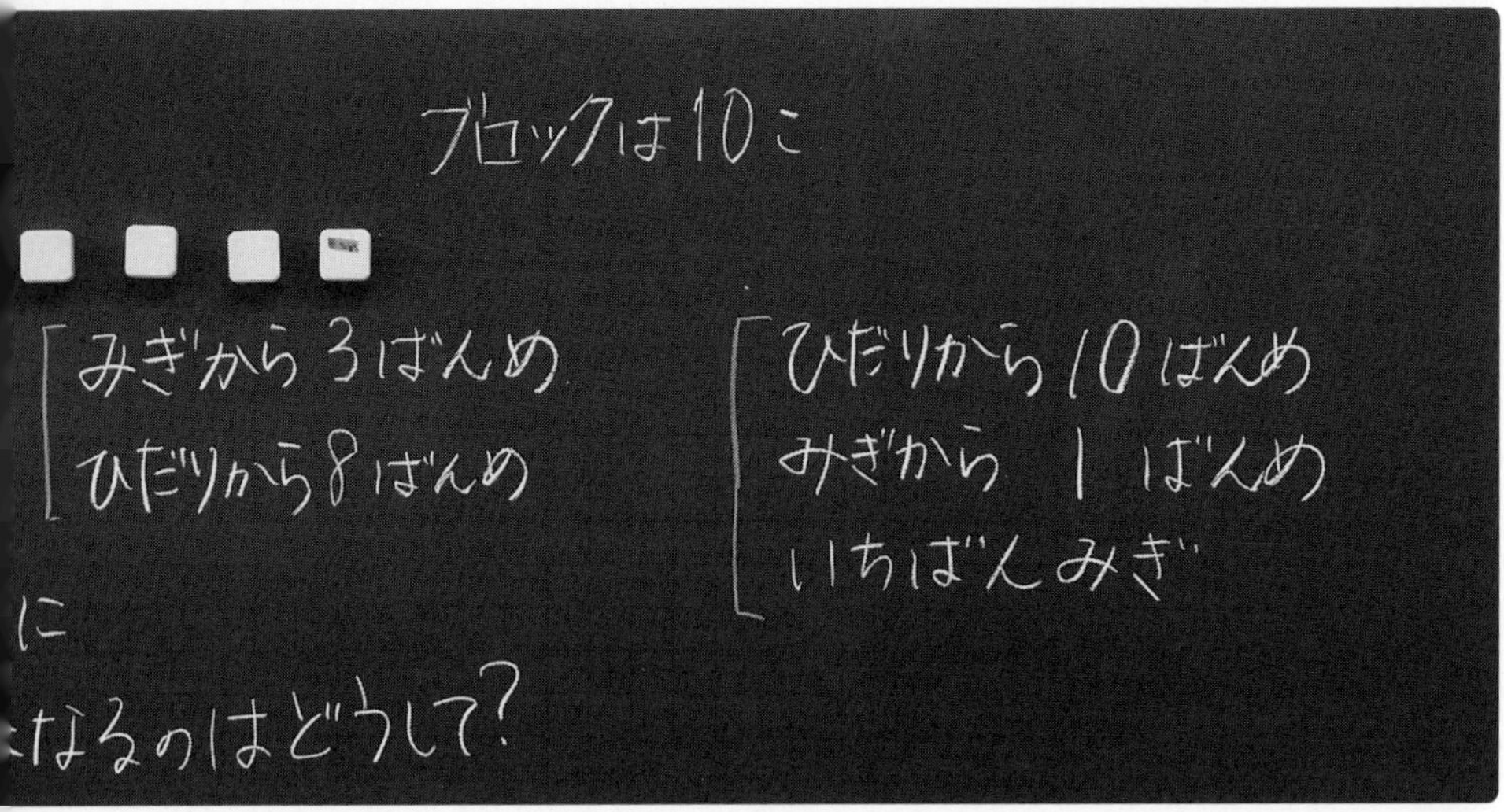
ブロックは10こ
みぎから3ばんめ
ひだりから8ばんめ
ひだりから10ばんめ
みぎから1ばんめ
いちばんみぎ
に
なるのはどうして?

11になってる……」

「おーなるほど。そうだよね。よし、今日はこれについて考えてみよう」

子どもたちは、まずはノートに考えを書く。そうしないと、発言した人の意見を聞いて、考えたつもりになり、自分で考えることをしないからである。

「右から数えたときと左から数えたとき2回数えちゃってるからじゃない？」

「どういうこと？ちょっと前に来てやってみて」

分からないふり。子どもたちの思いを言語化するためによく使う技である。

「右から数えると6番目ってこうでしょ（ブロックを6個置き換えた）」

「左から数えるとき、ブロックは4個しかないでしょ。だから右から数えて6番目のブロックをこっちに持ってこないと5番目があらわせない。持ってくるってことは2回使ってるでしょ」

「なるほど！そういうことか」

疑問に思ったことは何でもまず自分で考えてみるクセを付けたい。この考えるクセを付けるトレーニングをどの教科でも始めた。

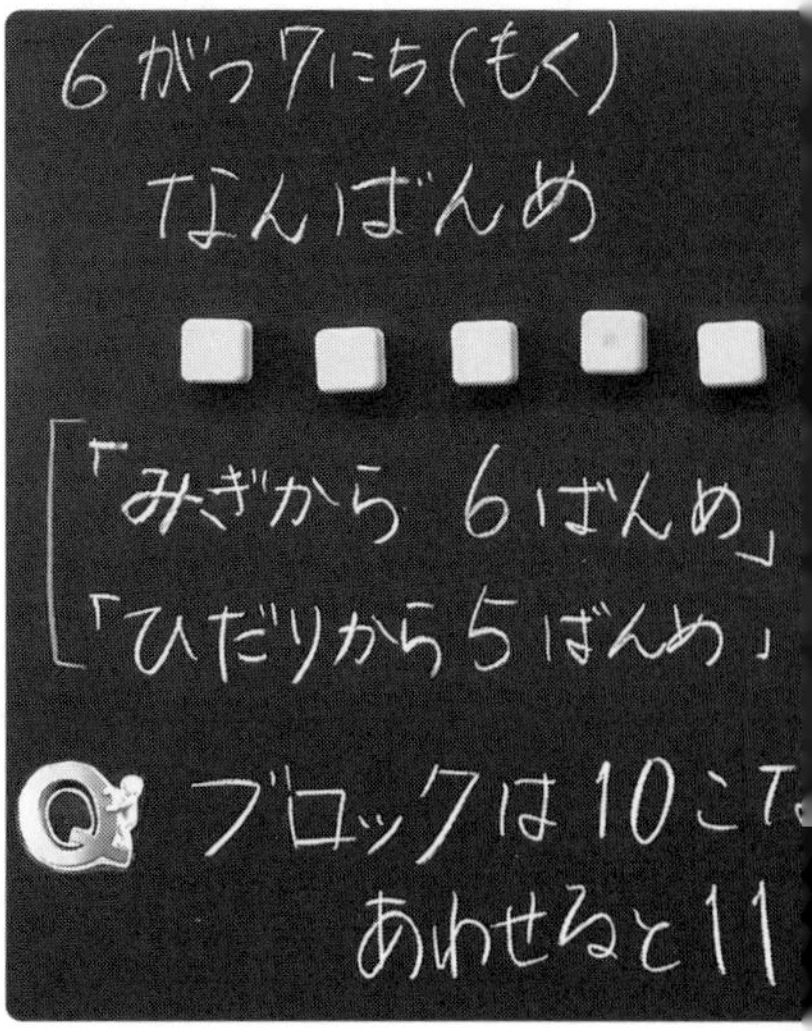

落し物が戻ってくる？

鉛筆や消しゴムの落し物が多くなってきた。

入学のとき、いろいろな持ち物に名前を書くことが保護者の大きな負担になっている。２本目の鉛筆に名前を書くことをうっかり忘れているケースも多い。

「ぬまっち！鉛筆が落ちてました」

「消しゴムひろいました！」

「名前は書いてあるの？」

「だれのか分かりませーん」

こんなやり取りが多くなったので、よし「落し物授業」をしようと考えた。

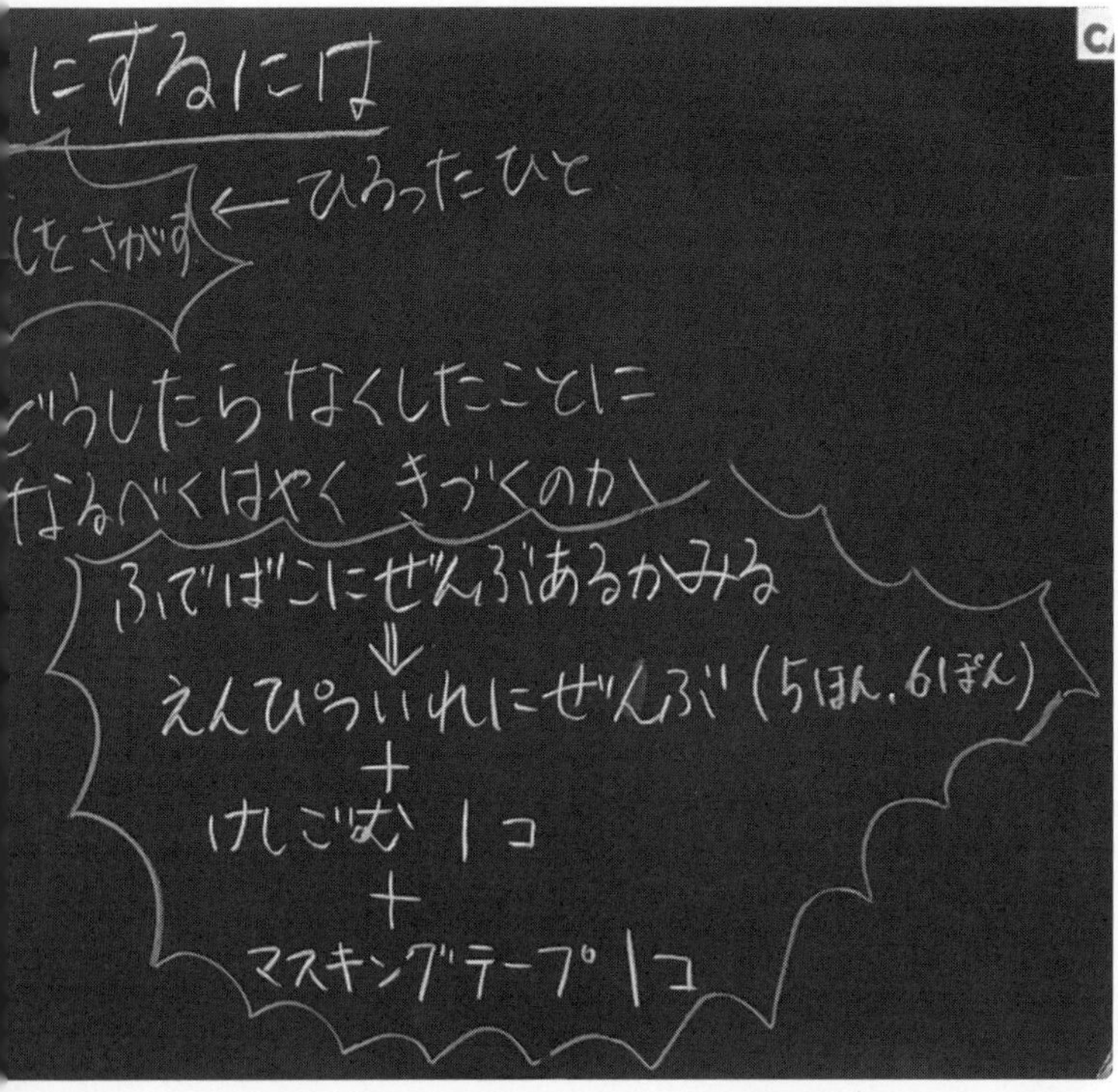

〝えんぴつやけしごむをなくさないようにするには〟と板書した。

「問題はなにかな?」

「なくしてしまった人にとっては?」

「なくさないように気をつければいいよ」

「気をつけないからなくなるんだよ!」

「おくところを決めておけば?」

「忘れちゃうよ」

「ひろった人にとっては?」

「だれのか分からないよ」

「名前を書けばいいよ」

「面倒くさいよ」

「小さくて書けないよ」

「だれが落としたか分かるしるしをつければいいよ」

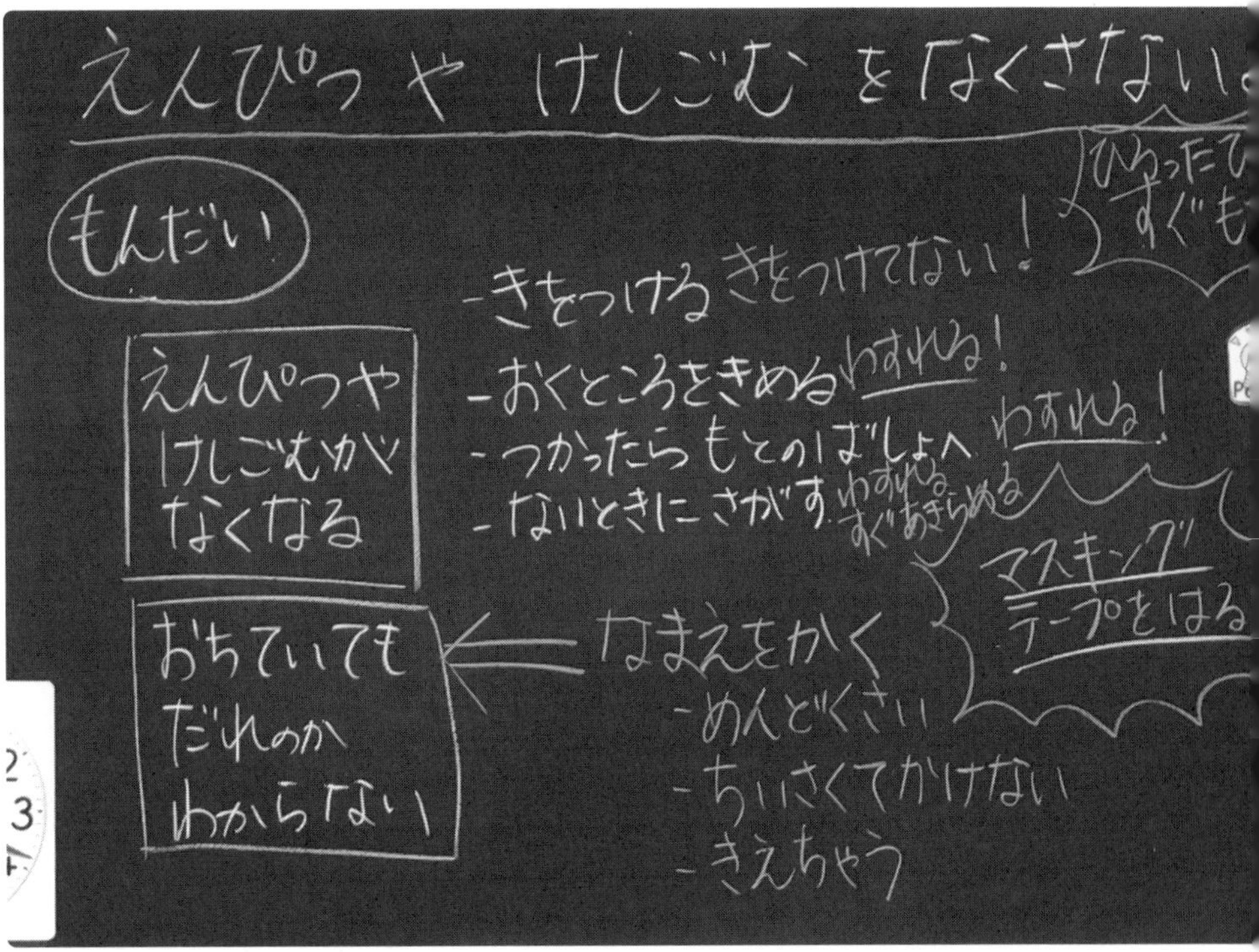
えんぴつや けしごむ をなくさない
もんだい
えんぴつや けしごむが なくなる
-きをつける きをつけてない!
-おくところをきめる わすれる!
-つかったら もとのばしょへ わすれる!
-ないときに さがす。 わすれる すぐあきらめる
おちていても だれのか わからない
なまえをかく
マスキングテープをはる
-めんどくさい
-ちいさくてかけない
-きえちゃう

「それは名前を書くのと同じじゃん」

そこでぬまっち提案!

「じゃあ、マスキングテープで区別したら?」

「だれがどのマスキングテープか分かれば、その人に届けられるね」

「マスキングテープなら面倒くさくないよ」

子どもたちの反応は良好である。

これで自分の好きなマスキングテープを決めて持ち物に貼るようにした。マスキングテープ一覧を見ながら落し物が自分のところに返るようになっていく。実際は、自分のお気に入りのマスキングテープを机に貼るので、落ちていても周りを見渡せば、持ち主がだいたい分かるようになった。

マスキングテープとうろくひょう
No. 1
ひづけ
なまえ
マスキングテープ
6/4
No. 2
マスキングテープ
No. 3
マスキングテープ

「＝」の意味って？

算数で大切な記号である「＝」について授業した。

この記号は、３＋２＝５のように１年生でも出てくる。

でも、この「＝」は、「三たす二　は五」の「は」の意味だと思っているし、計算の答えの前に付く軽い記号だとも思っている。

そこで、「＝」の意味について子どもたちと話をした。

「「＝」ってどんな意味があるの？」と

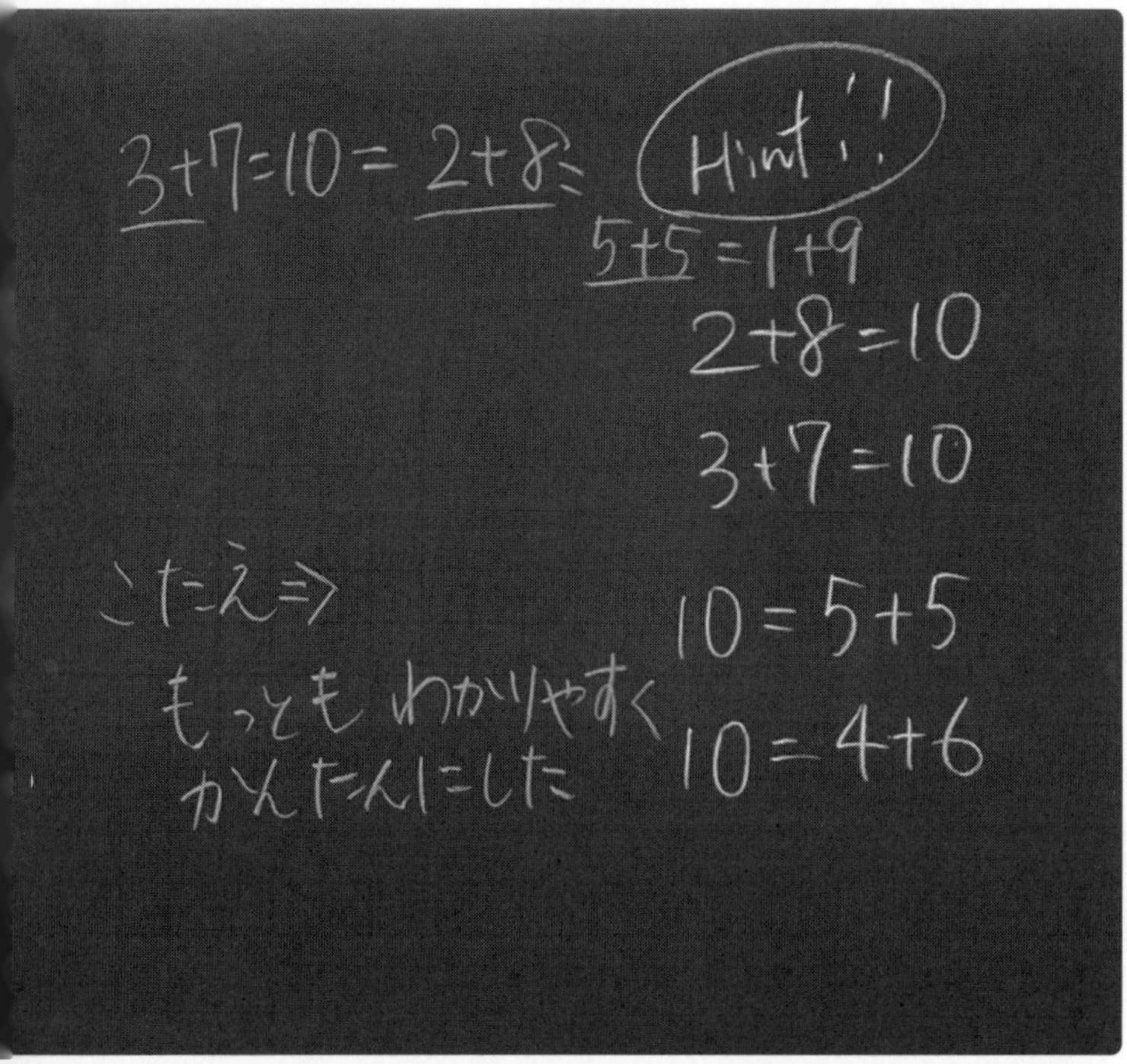

3+7=10=2+8=
Hint!!
5+5=1+9
2+8=10
3+7=10
こたえ⇒
10=5+5
もっともわかりやすく
かんたんにした
10=4+6

聞いてみる。


「答えの意味だよ」

「同じってことだよとママから聞いた」

「式の後につく記号だよ」

そこで、

「「=」は英語で「イコール」っていうよ」


と教える。

英語を1年生からやっている強みと、
ちょっとカッコイイと思わせたい！

「意味は「同じ」ということだよ」

とも教える。


「ママがいった通りだ！」

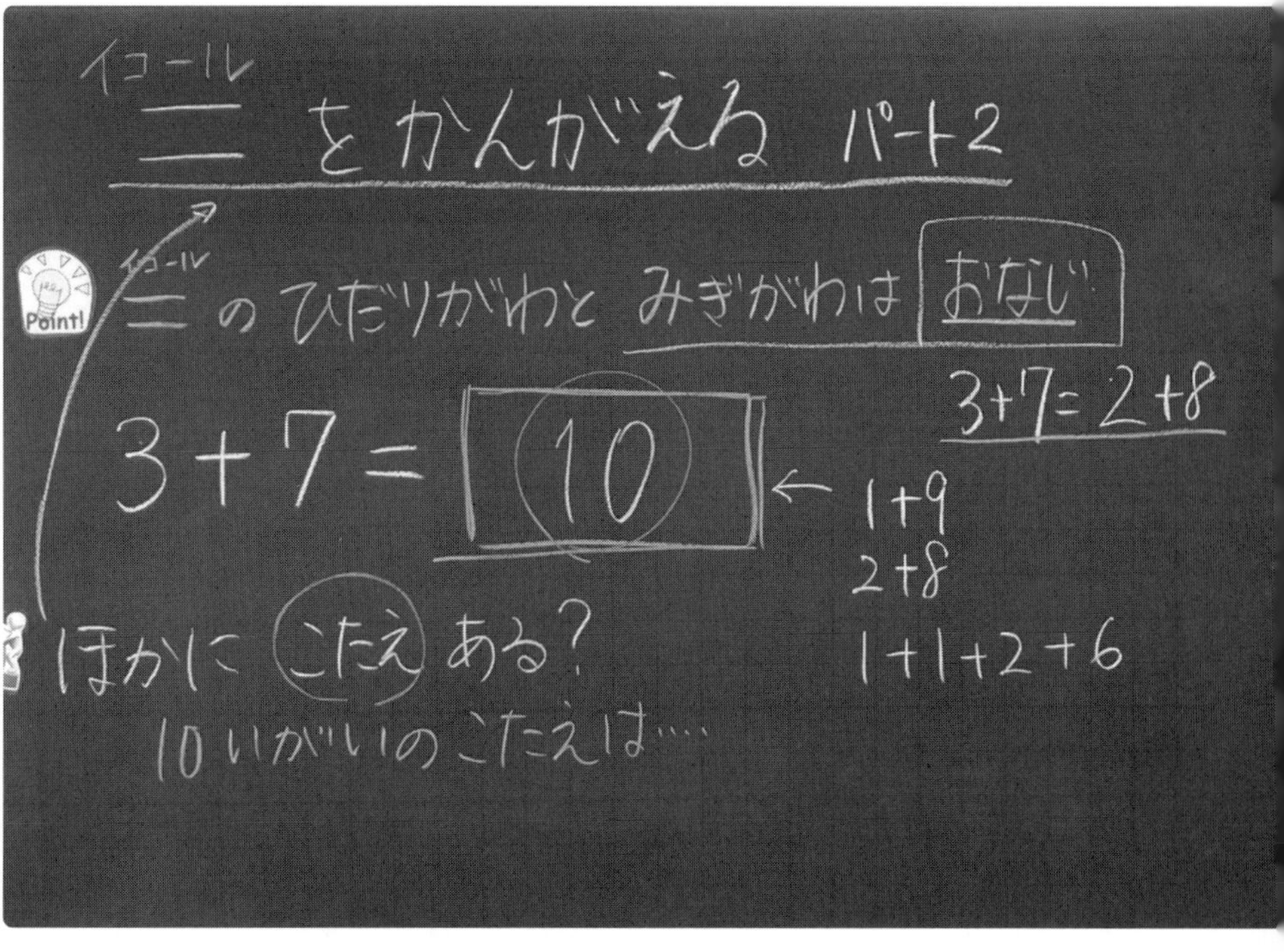

=《イコール》をかんがえる パート2
Point!
=《イコール》のひだりがわと みぎがわは おなじ
3+7=2+8
3+7=10
1+9
2+8
1+1+2+6
ほかに こたえ ある？
10いがいのこたえは…

「じゃ、どことどこが同じ?」

と聞くと、

「ここと＝ここだよ」


「ことは、3＋7＝2＋8と書いていいってこと?」


「え〜っ、なんか変だよ」

「そんなの見たことないよ」

「じゃ、5＋5＝4＋6と書いてもいいってこと」

「すごいね!」


「5＋5＝4＋6をことばでお話しできる?」

と聞いてみる。

「5＋5と4＋6が同じってことだよ」

「何が同じなの?」

「答えだよ」

5+5=4+6
こうかいていいの?

「それじゃ、それを合わせて言ってみて」

「5＋5の答えと4＋6の答えが同じってこと」

「お～っ！」

「＝」の意味と「等号」という呼び名は2年生で学習する。

そこでも、この「＝」の意味は多くの子どもに腑に落ちていない。

なんとなく、1年生もイコールの意味が分かり始めたようだ。

N-1スタート

ノートの書き方は自分で決めて自分らしく書けばいいと思っている。

だから、ボクのクラスの合言葉は「Notebook for the One」である。つまり自分だけのノートである。ちなみに「One」は学級通信の名前でもある。

「ノートブック　フォー　ザ　ワン」略してN-1。

これから自分らしいノートを創るために、必要なこととしても国語の授業を行うつもり

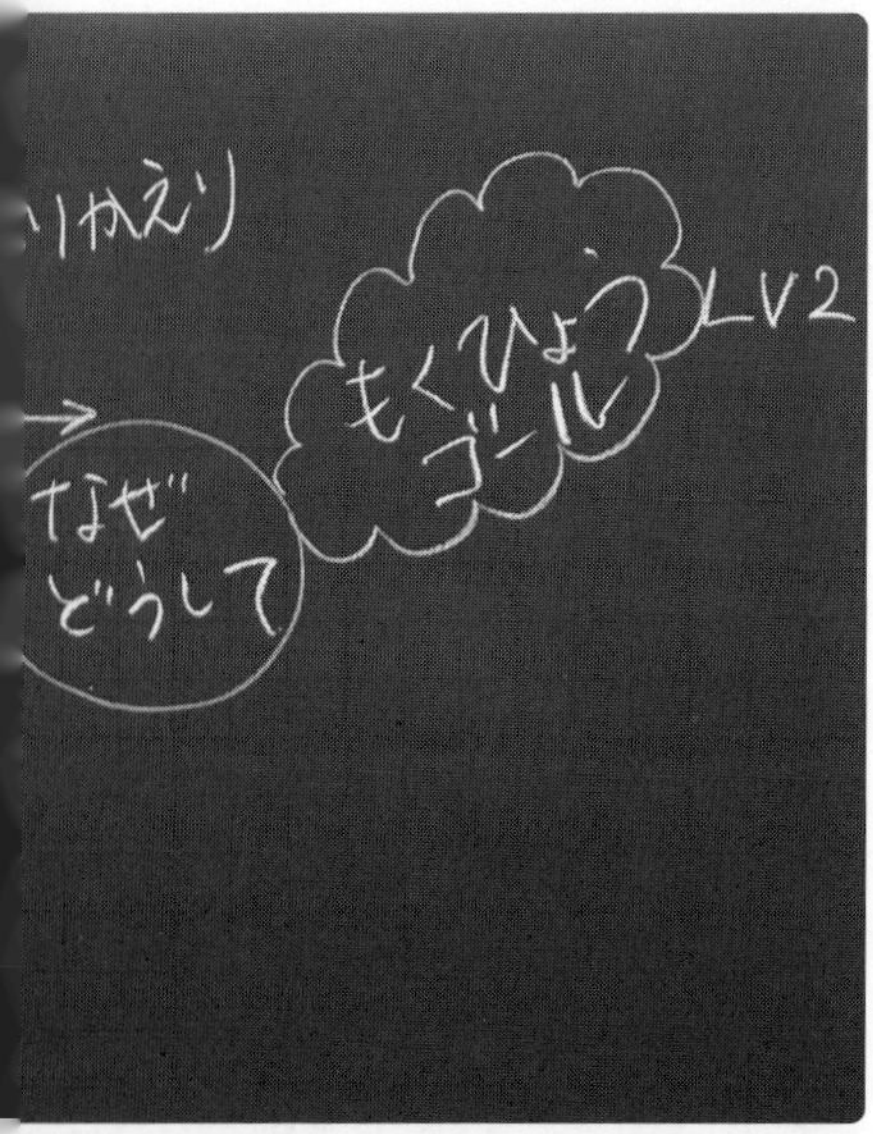
もくひょうゴール
LV2
なぜどうして

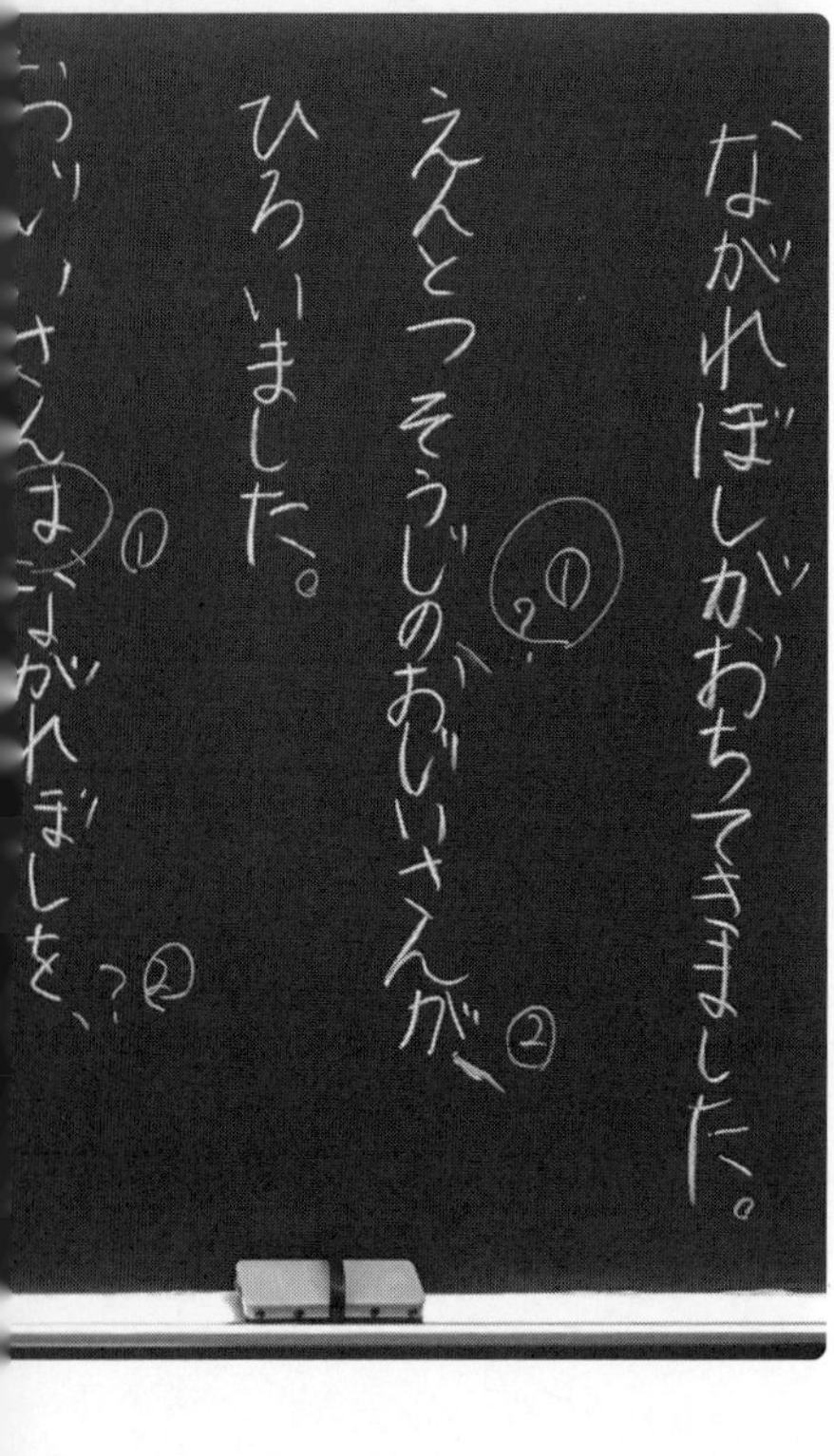
ながれぼしがおちてきました。
えんとつそうじのおじいさんが
ひろいました。

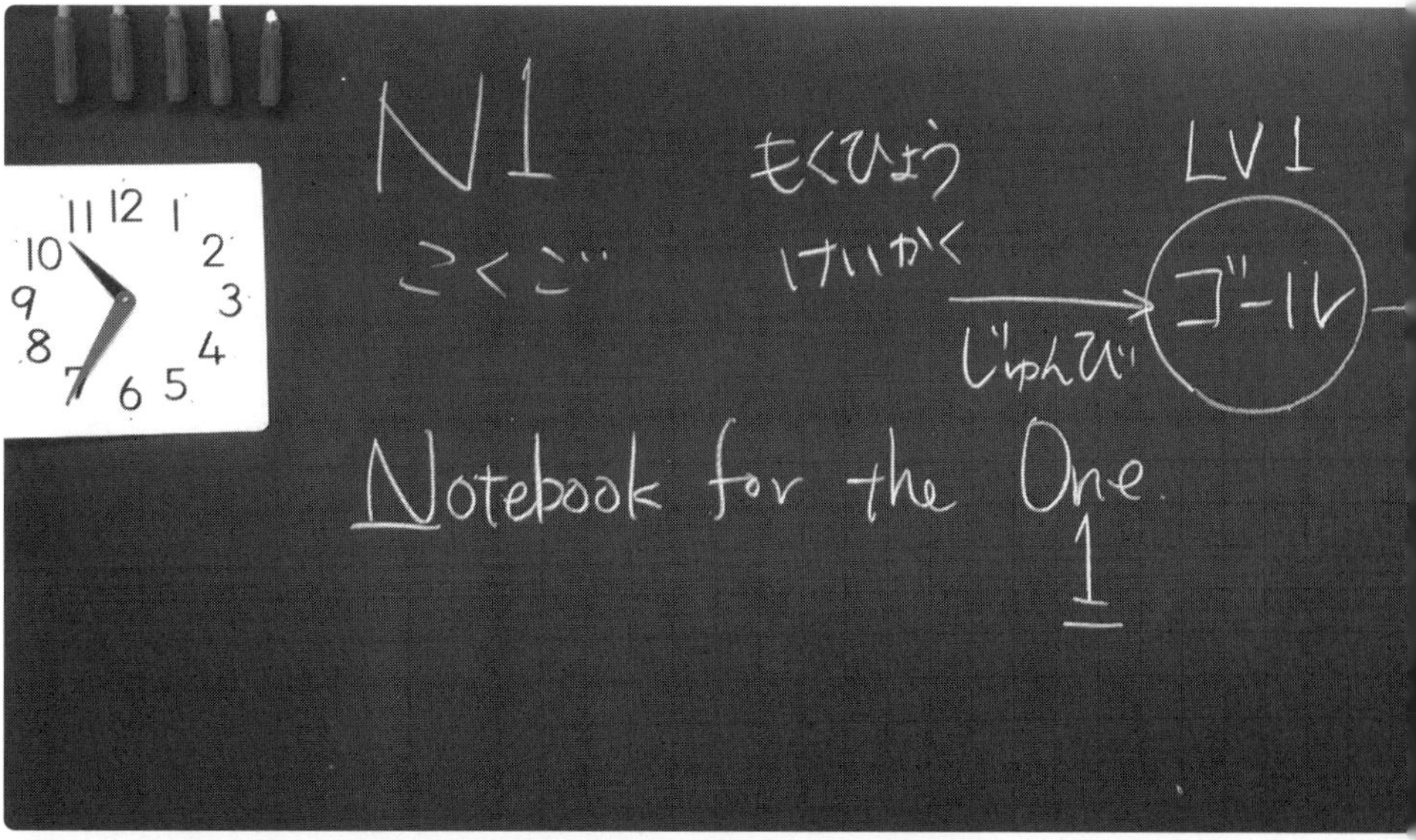
N1
こくご
もくひょう
けいかく
じゅんび
LV1
ゴール
Notebook for the One
1

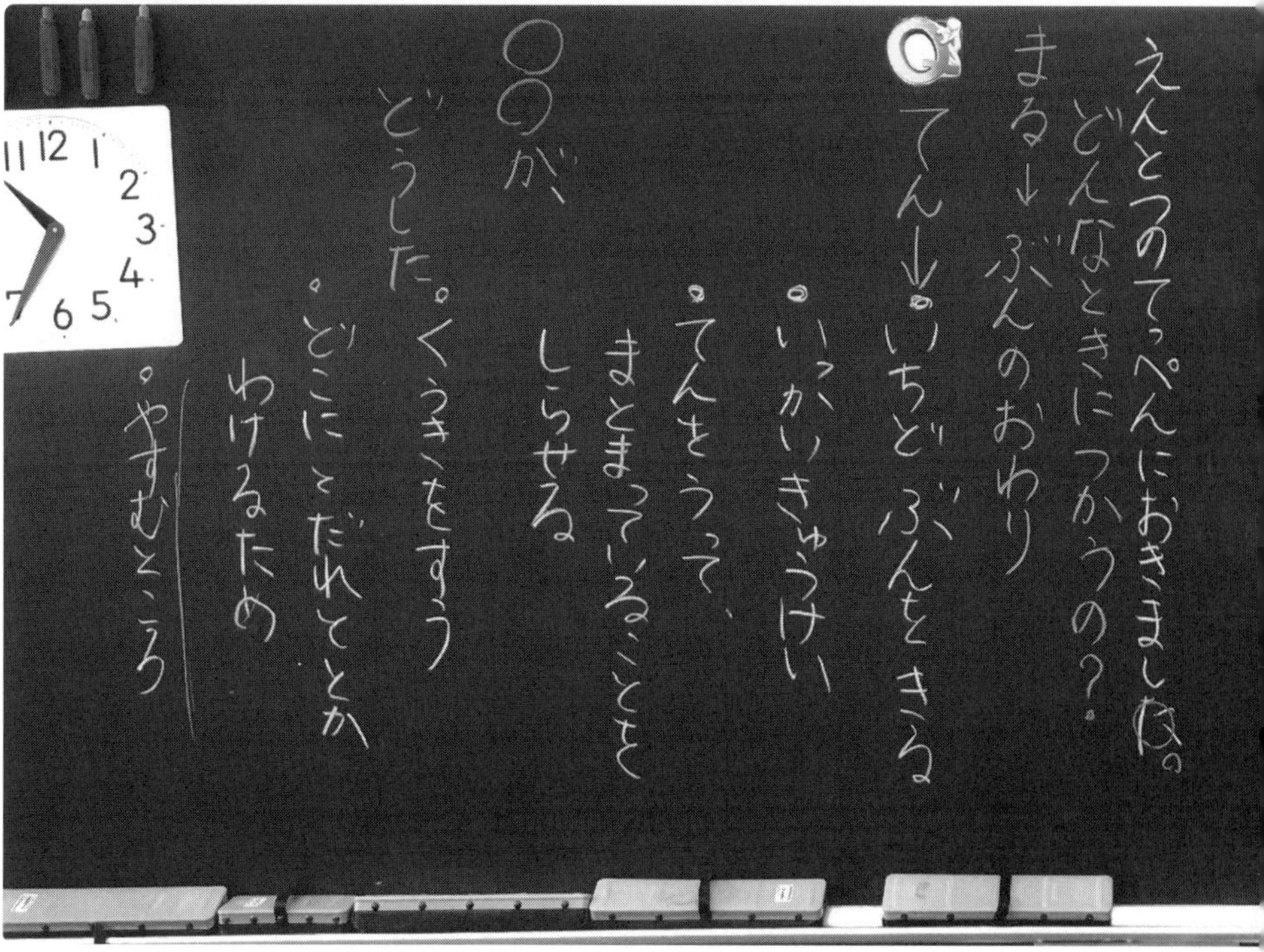
えんとつのてっぺんにおきましたの
どんなときにつかうの？
まる↓ぶんのおわり
てん↓いちどぶんをきる
・いっかいきゅうけい
・てんをうって、
まとまっていることを
しらせる
◎が、
どうした。くうきをすう
・どこにとだれとか
わけるため
・やすむところ

だ。

「、」と「。」の付け方や、カタカナの使い方は、N-1のために必要なこととして伝えた。

国語は国語学習のためでなく、自分自身のことを伝えるために、必要性を意識させて、学ぶ意欲を生み出したい。

ボクのノートの書き方の理想は、

「目標や計画を書いて、その準備を書く。実際に計画や目標が達成できたかを書く。そして、振り返りを書く。なぜ、うまくいったか、いかなかったか。どうして、達成できなかったか、できたか。

これらを振り返ると自然に次の目標が生まれる」


である。

具体的に言うと、
・なぜ、「、」や「。」が必要か。

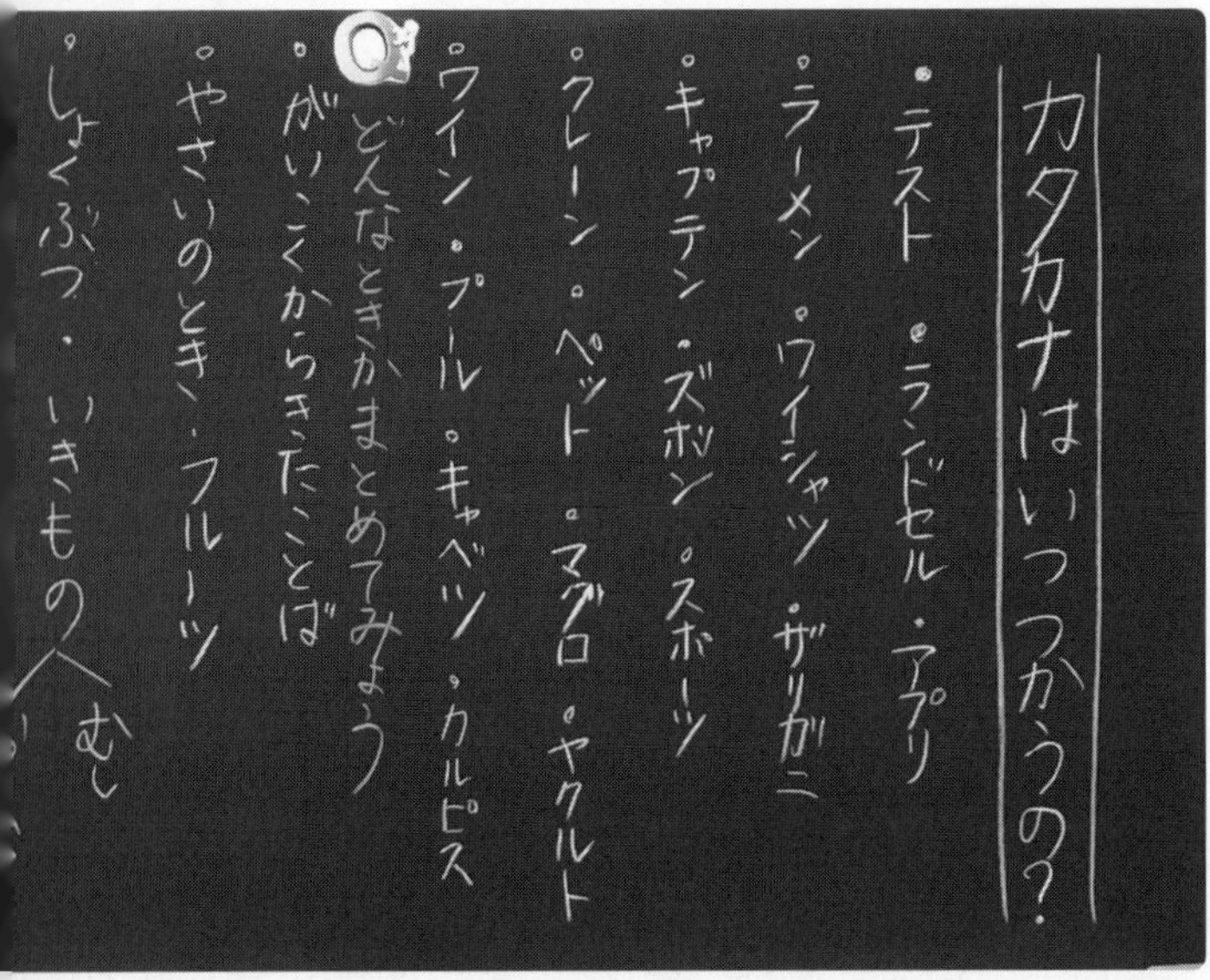

カタカナはいつつかうの？
・テスト ・ランドセル ・アプリ
・ラーメン ・ワイシャツ ・ザリガニ
・キャプテン ・ズボン ・スポーツ
・クレーン ・ペット ・マグロ ・ヤクルト
・ワイン ・プール ・キャベツ ・カルピス
・どんなときかまとめてみよう
・がいこくからきたことば
・やさいのとき・フルーツ
・しょくぶつ・いきもの へ むし

・調べてみる、先生に聞く。
←
・まとめる（なるほど）。
←
・使ってみる……。
←
・「。」がます目の上にきてなんか変！
←
・そんなときは、……。

こんな風に書き方のきまりまで考えると素敵だと思う。

考えながらノートを書くことが、子どもたちの自然な成長に繋がると信じている。

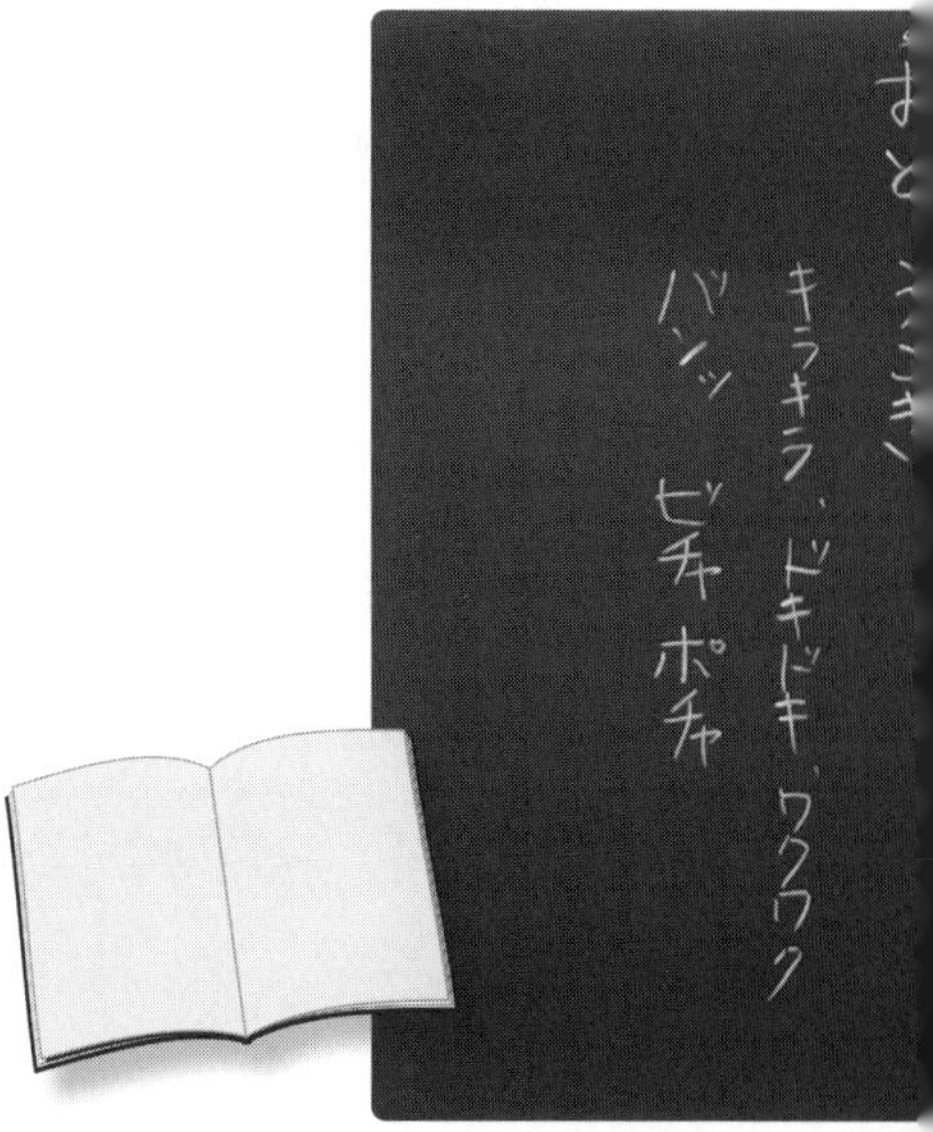

開けっ放しのドア

夏が近づいてきた。

教室にはクーラーがついている。

でも、気がつくとドアが開いている。

「どうして、いつもドアは開いているの？」

と聞いてみた。

「早く遊びに行きたいから閉めるの忘れる」

「いっぱい出て行くから、最後の人が閉めてないんだよ」

「最後ってだれ？」

「次の人が入りやすいように開けておくんだよ」

「分かった、分かった。でもボクは閉めておいてもらいたいんだけど、どうしたらよいか考えて！」

「外に行かなきゃいいんだよ」

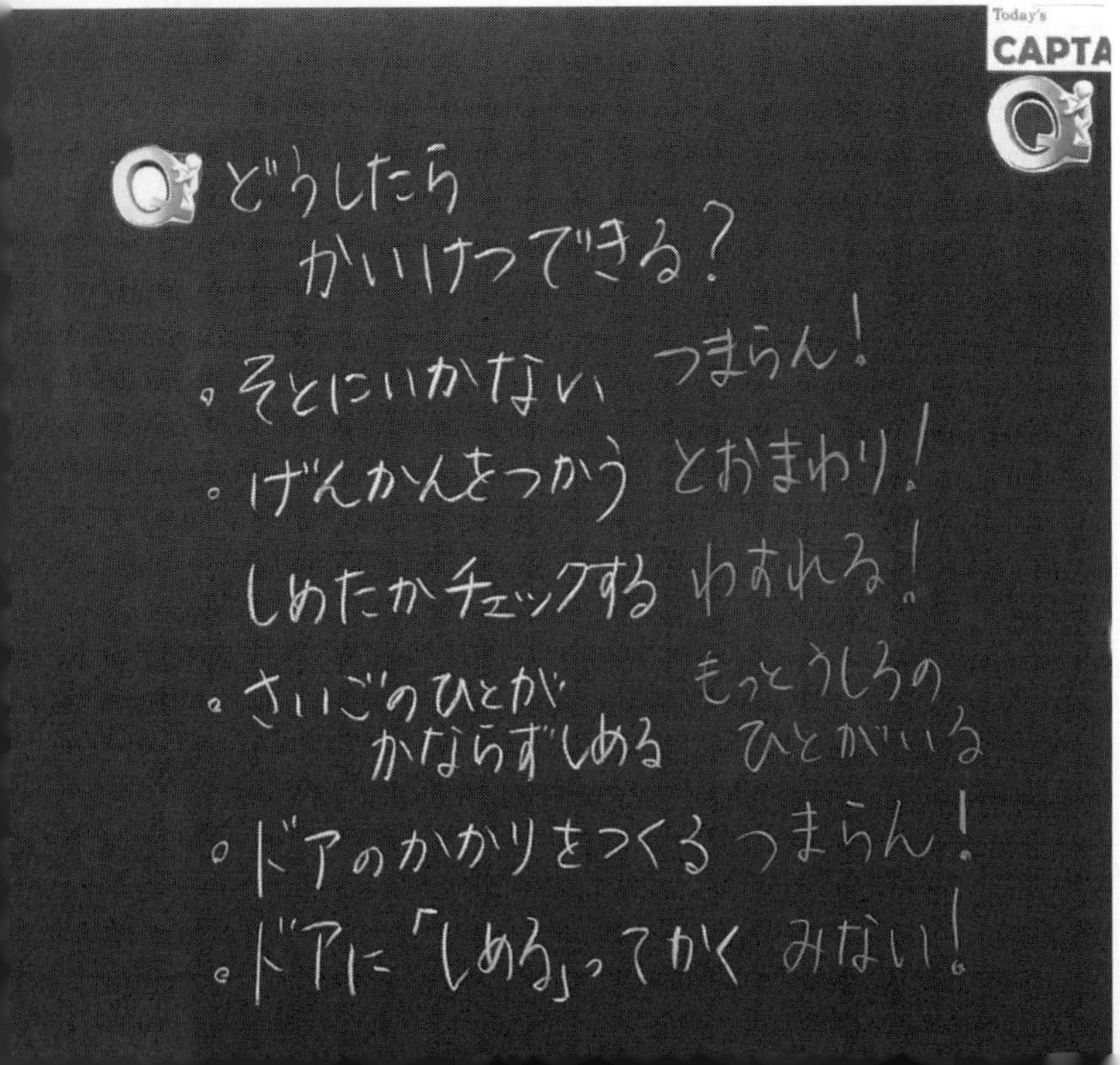

Today's
CAPTA
どうしたら かいけつできる？
・そとにいかない つまらん！
・げんかんをつかう とおまわり！
しめたかチェックする わすれる！
・さいごのひとが かならずしめる
もっとうしろのひとがいる
・ドアのかかりをつくる つまらん！
・ドアに「しめる」ってかく みない！

「むり、むり」

「開けた人が閉めればいいんだよ」

「ドアに「しめる」って書いておく」

「でも休み時間の最後はいっぱい入ってくるから、いちいち閉めてられないよ」

「開けたら閉めるって学んできてるんでしょ？」

「あ！開けてないから閉めないんだ！」

「ドアが開いていたら、気付いた人が閉めればいいよ」

「そうだね！「あけたらしめる」が合言葉だったけど、新しい合言葉ができたね」

「「あけてなくてもしめる」だね」

クラスで新しい合言葉が生まれた瞬間だった。

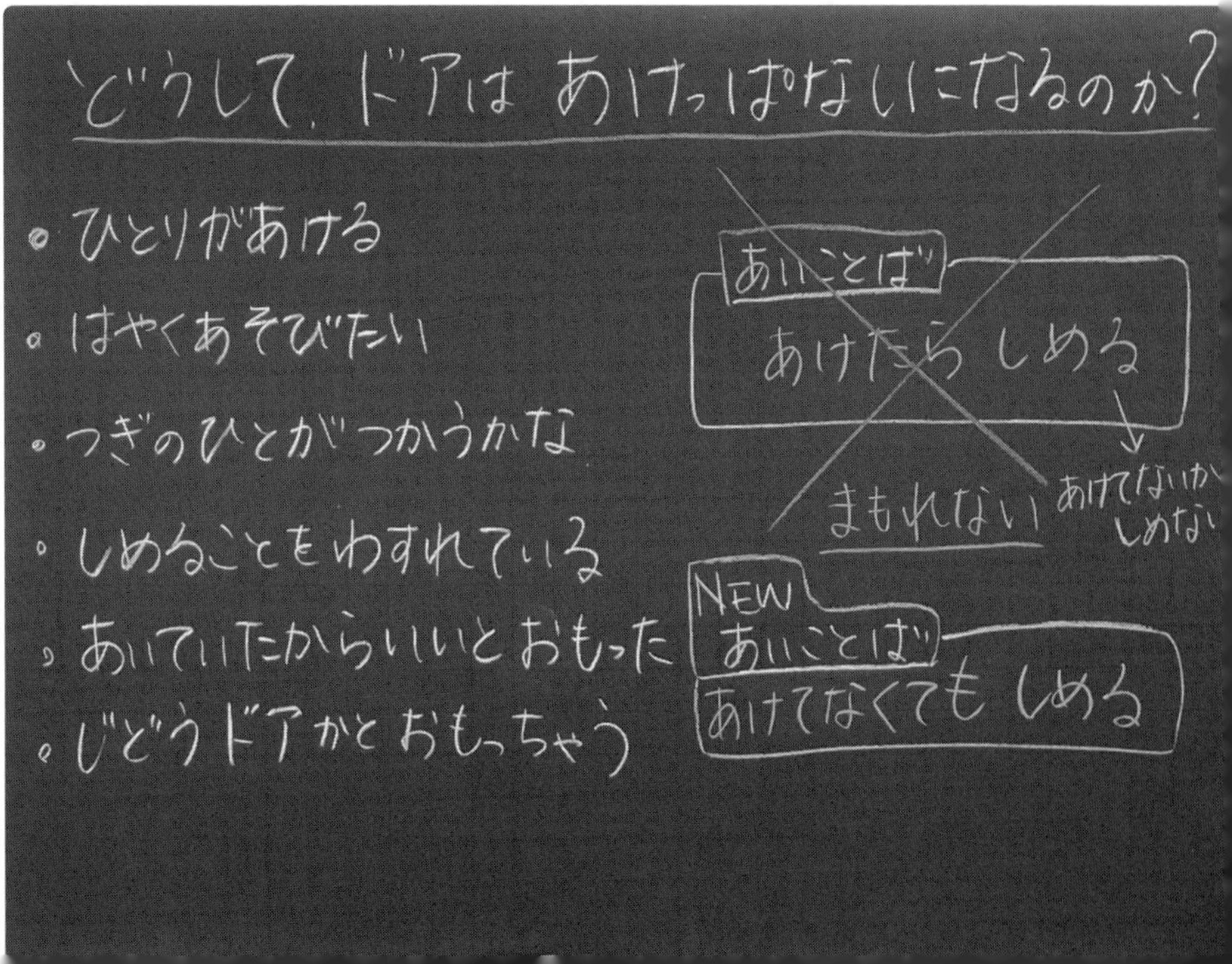
どうして、ドアはあけっぱなしになるのか？
・ひとりがあける
・はやくあそびたい
・つぎのひとがつかうかな
・しめることをわすれている
・あいていたからいいとおもった
・じどうドアかとおもっちゃう
あいことば
あけたら しめる
まもれない
あけてないか
しめない
NEW
あいことば
あけてなくても しめる

PPAPでひき算

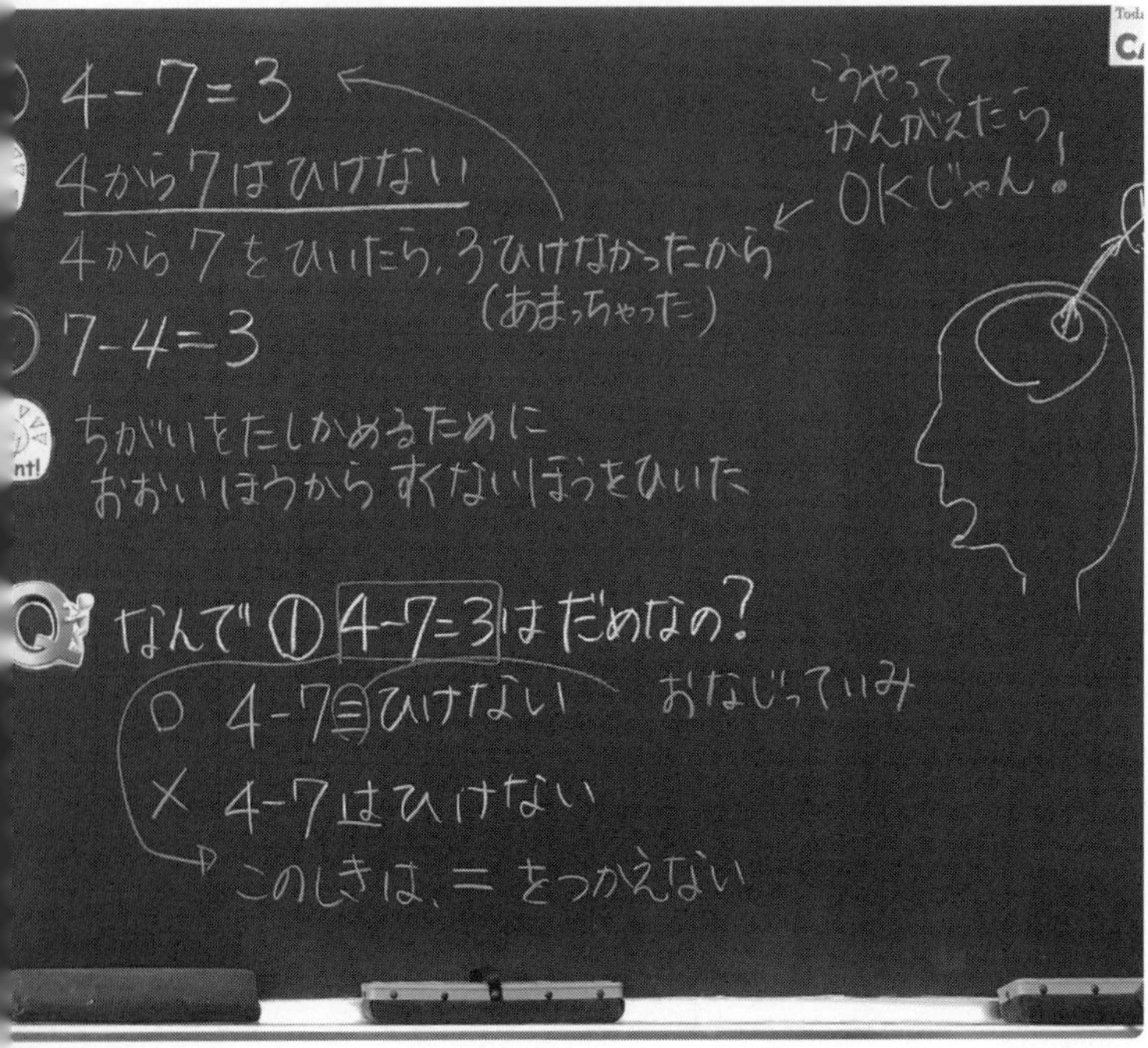

「りんごが4個、パイナップルが7個あります。どちらが何個多いですか」

「7ひく4すればいい」

「どういうこと？」

「だからパイナップルが7個でしょ、そこからりんごの4個をひく」

「パイナッポー（笑）ならりんごもアッポーだろ〜」

（さすが今の子。日記に「秋になって葉っぱも「からふぉー（カラフル）」になりました」って書いてきたこともあった（笑））

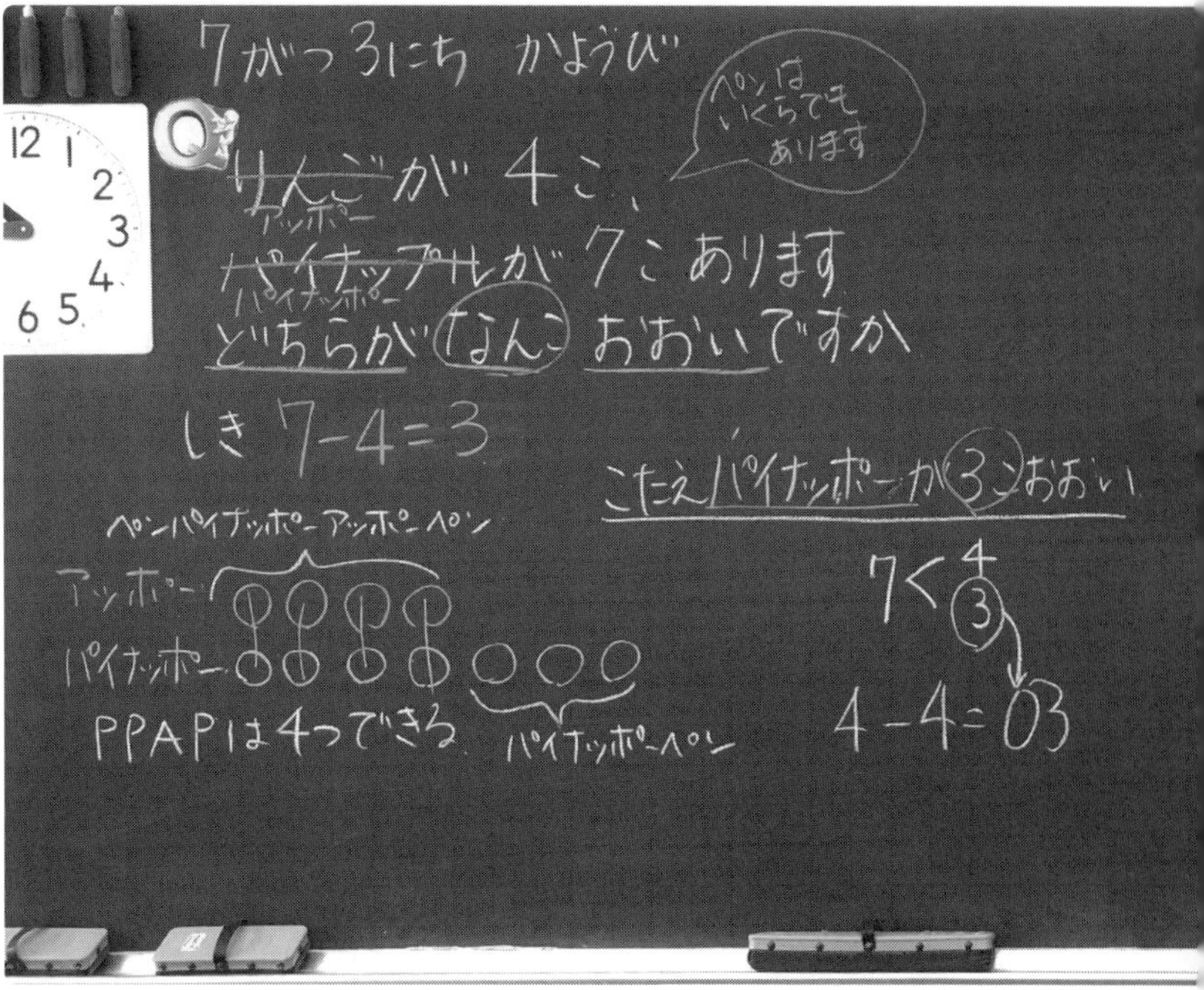

「あっ、そうだ。じゃ、パイナッポー7個からアッポー4個ひくと3個余る」

「パイナッポーからアッポーひけないじゃん？ちがうものだし」

「うーん」

そこで、もう1人が手を挙げる。

「分かった！ぬまっち、PPAPでやれば分かる！」

「どういうこと？」

展開が読めてニヤつくぬまっち。

「アッポーペンとパイナッポーペンをくっつけるとPPAPになるから、アッポーペンとパイナッポーペンを「あー!!」ってPPAPが4個つくれてパイナッポーペンが3個余るってこと。だから7−4はパイナッポーペンが3個になる。だからパイナッポーが3個多い」

「なるほどね〜」

こんなに面白い展開、乗っかるしかない。すかさずネットで検索して曲を流して7—4を学んでみる。盛り上がってひき算が学べている。

りんごとパイナップルのように異なる種類のものの求差は一旦頭の中でブロックのような半具体物に置き換えて計算すると納得する。

ここでは、パイナッポーもアッポーもPPAPに変えれば計算できることを子どもたちは直感的に理解していた。

同じもの（ペンやブロック）に変換することが、数という抽象化への第一歩、こんな大それた事を子どもたちが自分でも気付かないうちに表現していた。

「じゃつぎね、4—7=3はだめなの」

「できるよ！4から7ひくと、3余っちゃうから3。ひけないで余っちゃったのが答え」

「7—4は多い方から少ない方をひいて違いを確かめる」

「なるほどね、教科書は7—4=3と書いてあるよね。じゃ、なんで4—7=3がだめなのか考えてみよう！」

「でたぁ！」

「なんで4－7＝3はだめなの？」

に対して、以前学習した「＝（イコール）」の意味をいかして答えた子ども。

「ぬまっち、＝（イコール）って同じって意味だよね。4－7だと、ひけなかった数があるけど、それが7－4はひけるから、4－7と7－4は同じってことにならないからだめなんだよ」

どの子もうなずいている。何より笑顔。

ぬまっちの特別なクエスチョン（question）**「特Q（トッキュウ）」**を見事に解いた満足感。そこには考えることを武器にし始めた1年生の姿があった。

1年1組のいいところ

一学期の終わり頃、自分たちの成長を感じられているか、聞いてみた。

「いろいろ」できるようになった、「なんとなく」成長していると思う、との応え。そこで、この「いろいろ」や「なんとなく」を具体的にして、自分たちの成長を可視化するため、クラスのいいところを聞いてみた。

すると、「みんなやさしい」などの抽象的な意見にまじり、今まで自分たちが取り組んできた課題についての意見が数多く出た。例えば、「ドアはなぜあけっぱなしなのか問題」は、開けたら閉めるのルールを、開けなくても閉めるに変更した

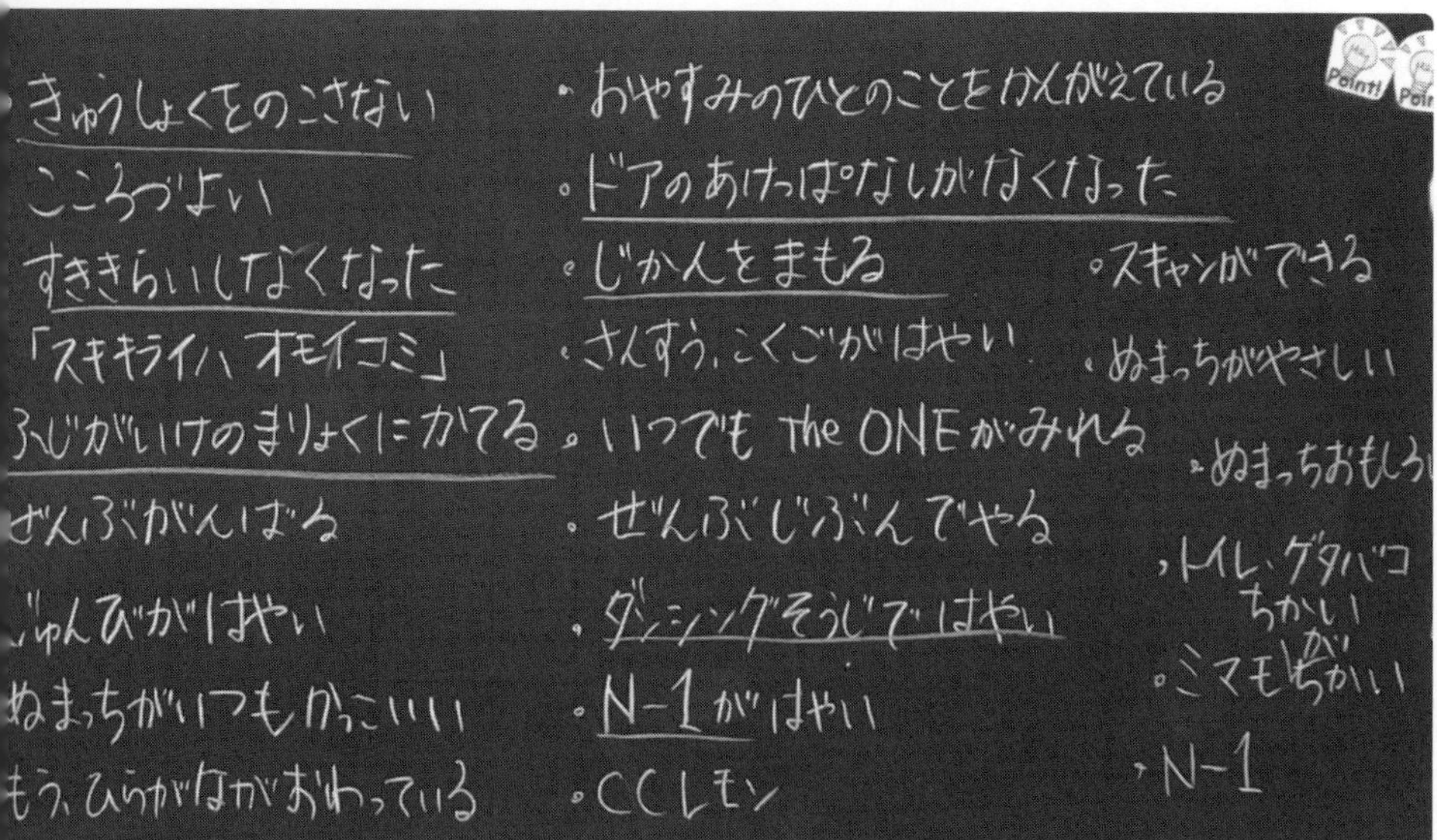

きゅうしょくをのこさない
こころづよい
すききらいしなくなった
「スキキライハ オモイコミ」
ふじがいけのまりょくにかてる
ぜんぶがんばる
じゅんびがはやい
ぬまっちがいつもかっこいい
もう、ひらがなが おわっている
・おやすみのひとのことをかんがえている
・ドアのあけっぱなしがなくなった
・じかんをまもる
・さんすう、こくごがはやい
・いつでも the ONEがみれる
・ぜんぶじぶんでやる
・ダンシングそうじではやい
・N-1がはやい
・CCレモン
・スキャンができる
・ぬまっちがやさしい
・ぬまっちおもしろ
・トイレ、ゲタバコちかい
・ミマもちかい
・N-1
Point!

ことで、見事に解決した。

解決してもらったことでなく、自分たちが解決したことで、子どもたちは自信をつけ、様々な意欲につながっている。

また、もはやクラス内では「あたりまえ」となっていることも沢山ある。

「きゅうしょくをのこさない」「すききらいしなくなった」ときには、「あーそういえば、最初はミネストローネとか食べられなかった」「そうだよね、なつかしい」などと振り返ることもできた。

自分たちが達成してきたことを自分たちの「いいところ」として発表し、価値づけしていくことで、子どもたちの成功体験を振り返ることができる。振り返りは大切だ！

自信が意欲に繋がり、そして次の課題もクリアできるという自己効力感に繋げることができた。

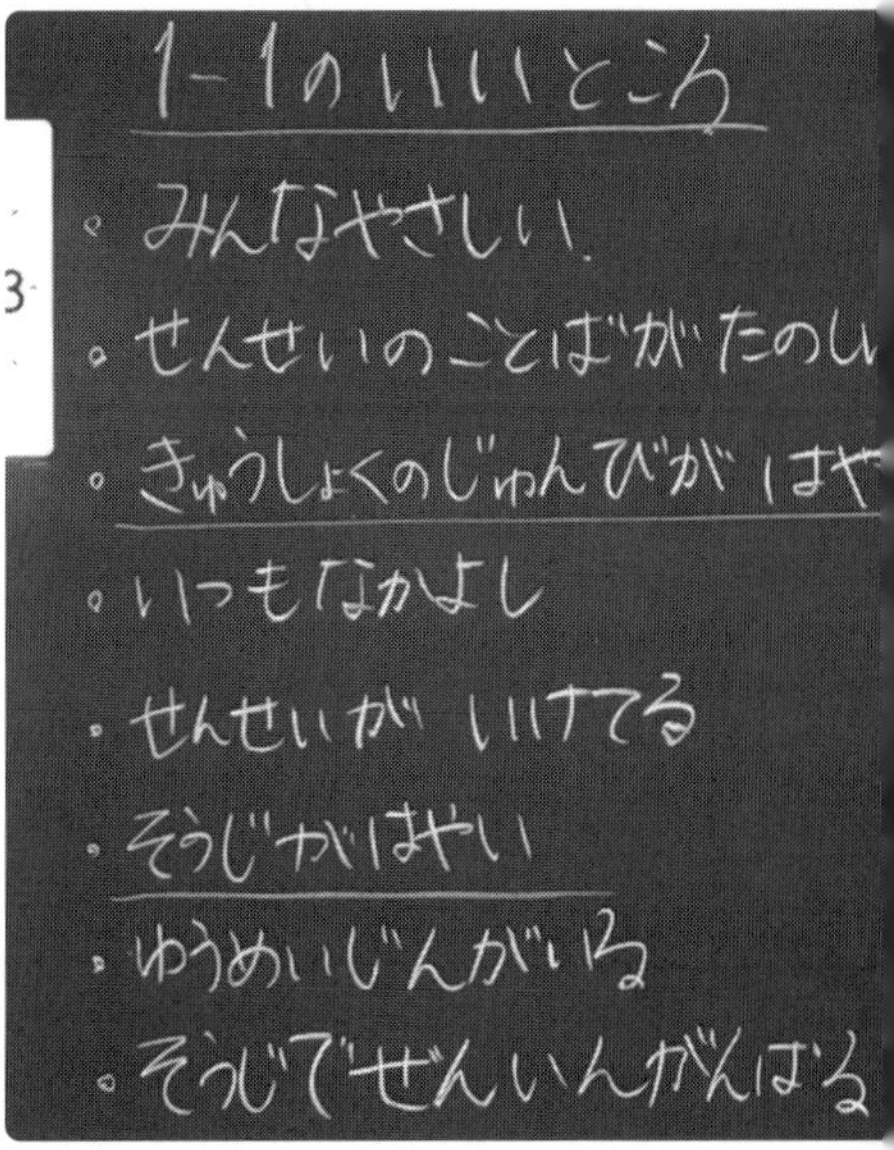
1-1のいいところ
・みんなやさしい
・せんせいのことばがたのし
・きゅうしょくのじゅんびがはや
・いつもなかよし
・せんせいがいけてる
・そうじがはやい
・ゆうめいじんがいる
・そうじでぜんいんがんばる

夏休み自由研究

「夏休みには自由研究をやってもらいます」

一瞬静まり返る教室。

そのあと一斉に質問でざわめく教室。

「何をやればいいの？」

「自由って何でもいいことでしょ！」

「ケンキュウってどうするの？」

「研究を辞書で調べてみよう」

「ものごとを深く考え、調べ、明らかにすることって書いてあるよ」

「明らかってなに？」

「分かるようにすることだよ」

「だから、夏休みの天気を調べるだけだと、深く考えてない。工作キットを使って工作するだけじゃ、調べてないし、深く考えてないよね」

「研究の始まりは、まず疑問や不思議に思うことからだよ」

「なぜ雨が降るのかな？」「なぜお魚は水のなかでも息ができるの？」「なぜお母さんは家に帰ってきたら手を洗えって言うの？」「風はだれがふかしているの？」

子どもたちは普段疑問に思ってもすぐ忘れてしまう。研究はその小さな疑問が大切である事を伝え、夏休みに生活の中での疑問や不思議を意識させたい。

「疑問が生まれたら、次はどうする？」

「本やインターネットで調べます」

「そうだね。でも書いてある事が本当だとは限らないね」

「えっ！本やインターネットに書いてある事は正しいんじゃないの」

「インターネットで餃子が美味しい店が分かったとして、実際食べてみたら自分はそうでもなかった、なんてことあるでしょ」

「うん、うん、よくある」

「だから調べたら実際にそこに行ってみたり、体験したり、実験してみたりすることが必要だよね」

そして最後に「研究」にもっとも大切なことを子どもたちに知らせる。

「最後に、ココが重要。その結果にどうしてなったのか、自分なりの考えをたしていくと、もうこれが立派な研究なんだよ」

研究の方法で大事なところを板書しながら説明していった。

ぎもん・ふしぎ

⬅

しらべる

⬅

しらべたけっか

⬅

じぶんのかんがえ

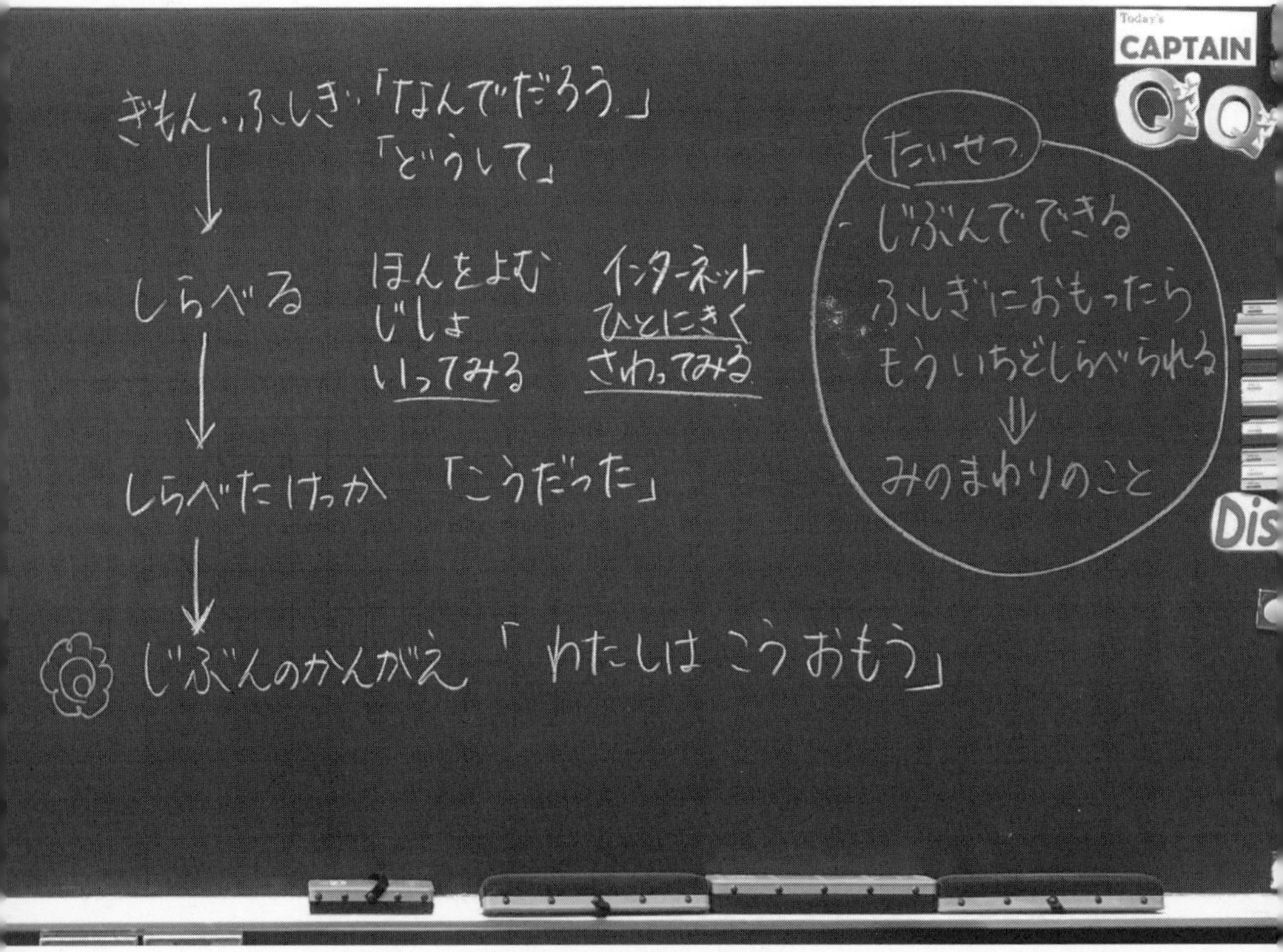

研究の材料は身の回りに沢山ある事、そして継続的に行うことが大切である事を最後に確認した。

「大切なことは、研究は1回では分からないことが多いから、おうちの人がいないとできないことじゃ、何度もチャレンジできないよね。あれ？もう1回見てみたいなと思ったとき、何度でも見に行けるほうがいいよね。だから研究の材料は、旅行に行ったり、特別な物を作らなくても、身の回りのことでいいんだよ」

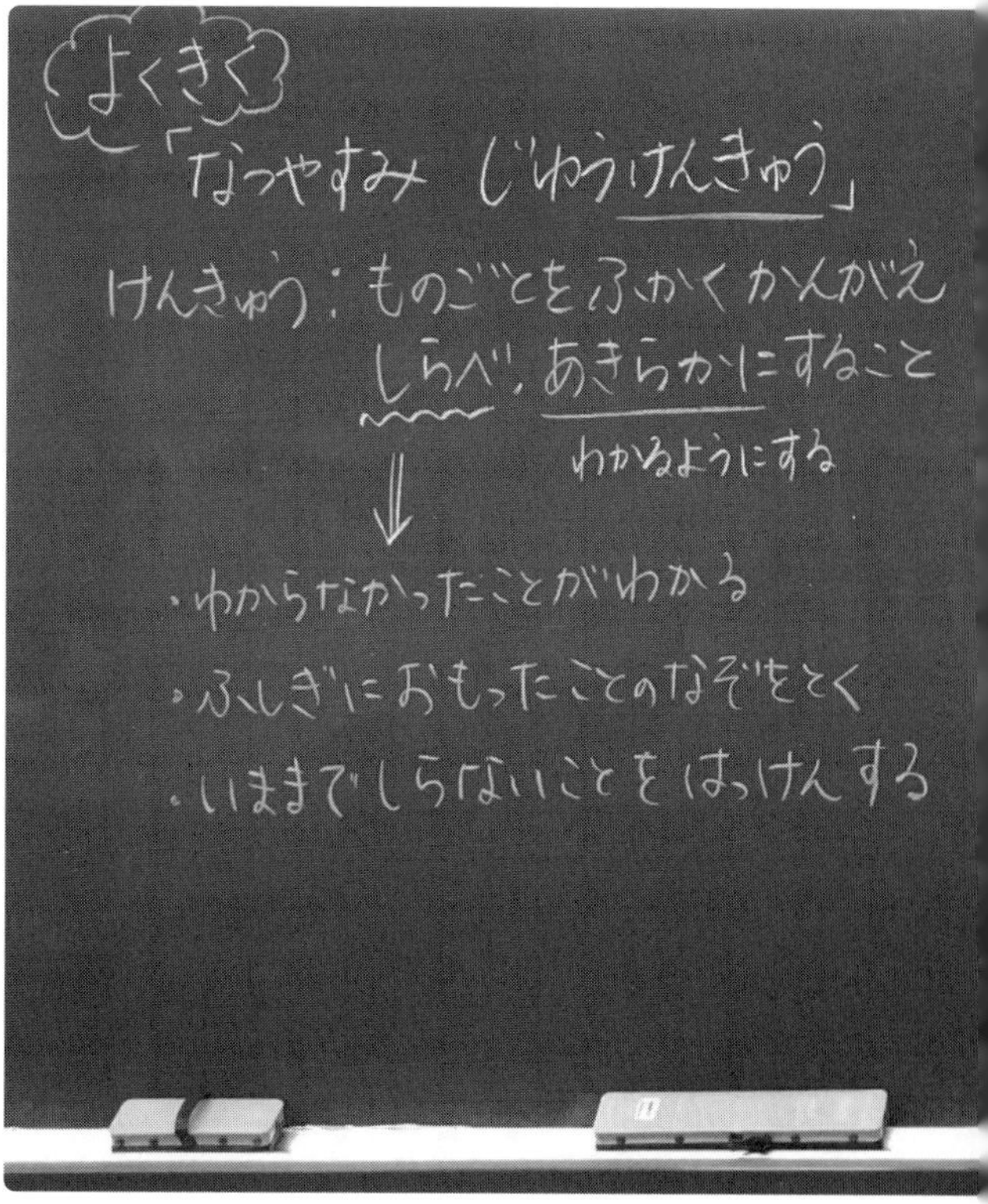
よくきく
「なつやすみ じゆうけんきゅう」
けんきゅう：ものごとをふかくかんがえ
しらべ、あきらかにすること
わかるようにする
⇓
・わからなかったことがわかる
・ふしぎにおもったことのなぞをとく
・いままでしらないことをはっけんする

2018年
秋・冬

ある子の夏休みの自由研究

この子はシュウマイが大好きで、夏休みには近所のシュウマイの食べ比べをしようと計画していた。

食べ比べなのでランキングをつけようと考え、この自由研究へと繋がった。

主体的な学びの第一歩を踏み出したといえる。

好きなサッカーのトーナメントになぞらえて、本当に楽しそうに調べている様子が想像できる。

ボクも「へー！そうなんだー！」と思わずのめりこんでしまった。

研究の原動力は「スキ」なことをすることだろう。

1gあたりの値段を計算している

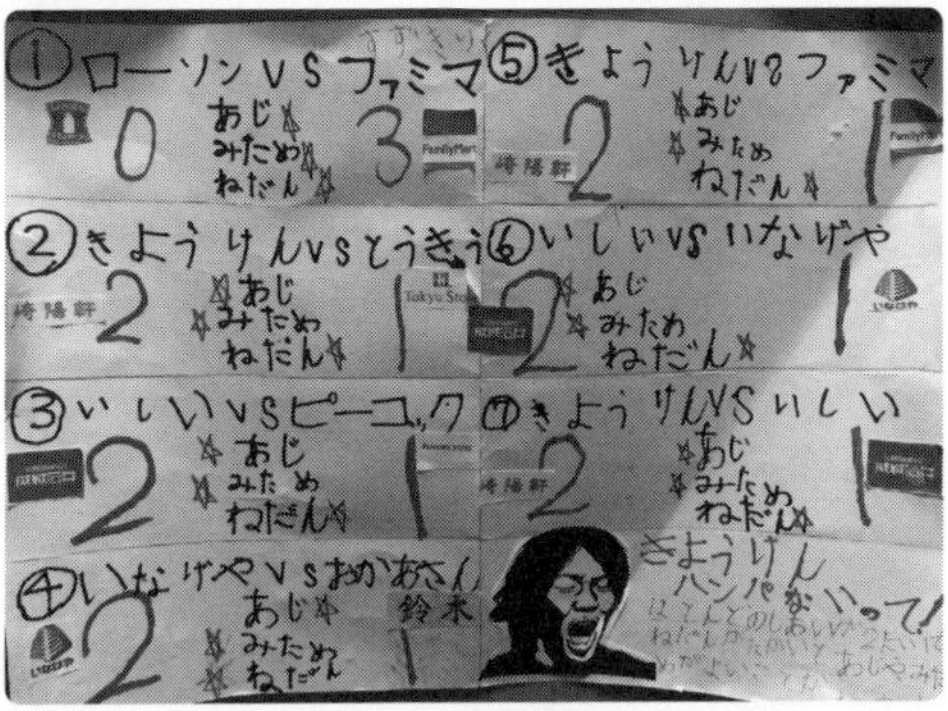

ところは保護者のアドバイスが想像できる。

でも、研究をしながら6年生で学ぶ「単位量あたりの大きさ」の考えを自分なりに理解しているようにも思う。

1gあたりの値段が安い方がお得ではないかと感じるだけでも子どもの主体的な学びになっている。

学習は指導要領に決められた順に習得していくものではない。

この主体性が令和2年度より実施される新学習指導要領に求められているのではないか。

先生は子どものスイッチを入れる役目だと改めて感じた自由研究だった。

おかあさんのシュウマイが1回戦で敗退しているのがちょっと悲しかった。

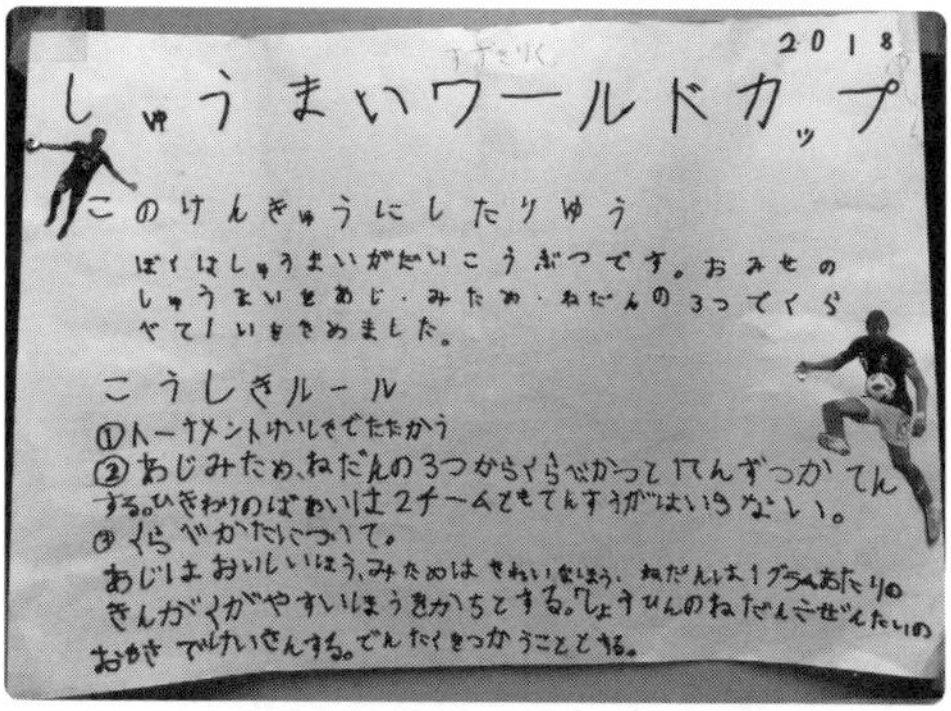

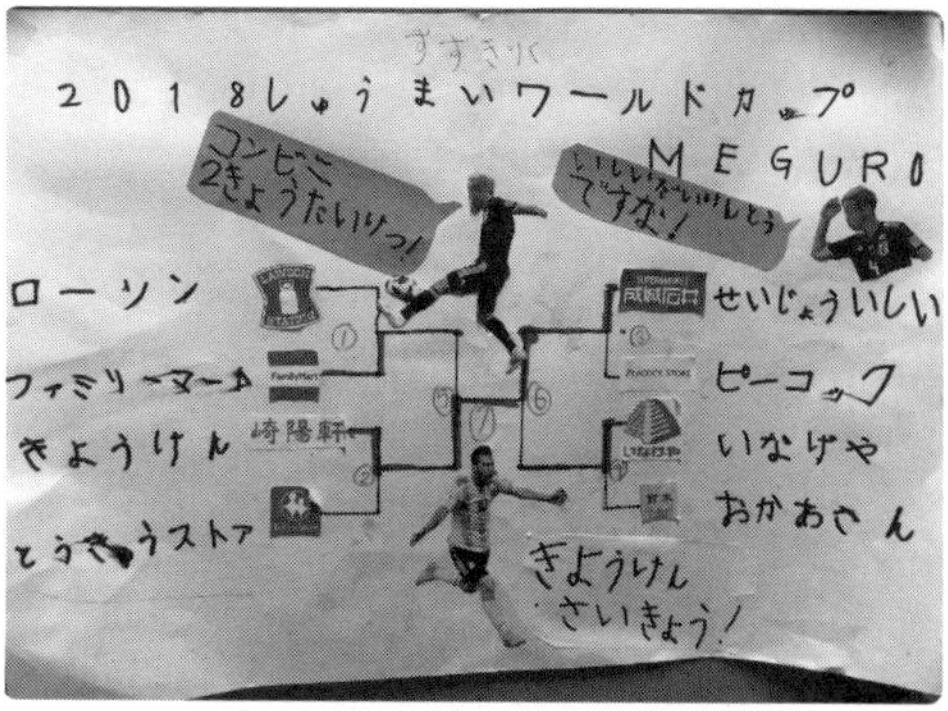

先祖がえり

1年生にとって初めての夏休みは魔の時間であることを知った。

高学年の子どもたちは、夏休み明け少しボーッとしているが、すぐに学校生活に戻ることができる。

しかし、1年生は夏休みの間中、保護者の愛情に包まれて、すっかり入学前に先祖がえりしてしまっていた。

そこで、1学期にはできていたことがなぜ2学期にできなくなってしまったのか、みんなで自分を振り返る会をもった。

まず、1学期にできたことを子どもたちに聞いてみた。

「そうじが、早くてきれい」

「したくが、早い」

「ならぶのが、早い」

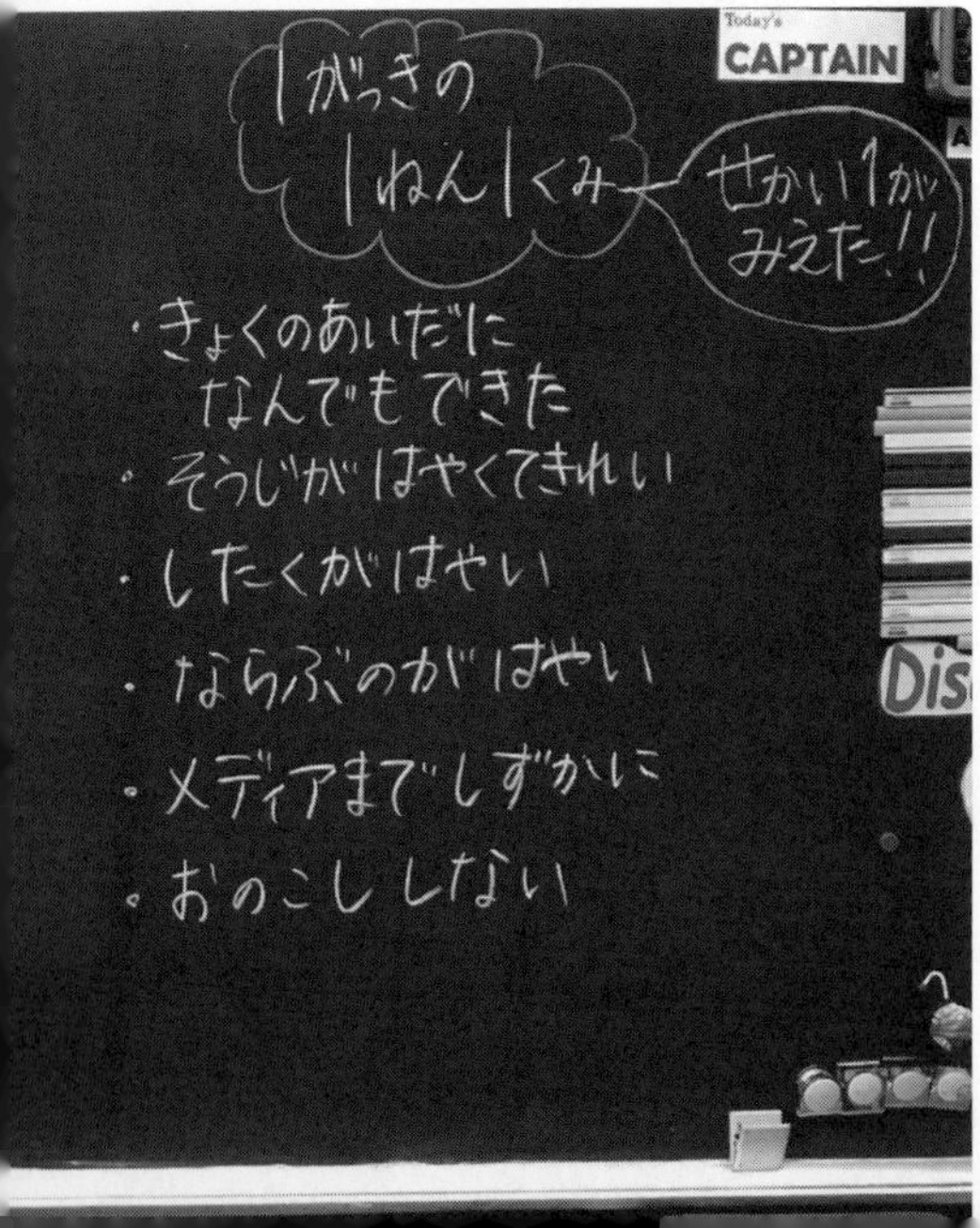

「そうだよな〜、先生が指示しなくても何をやればいいか、どうすればいいか、みんな分かっていたよね」

それから、子どもたちから「なぜ、できなくなったのか」の意見を聞いた。

「おうちの人に何でもやってもらっていた」

「甘えん坊になっていた」

「みんなと行動してなかったから」

1学期には世界一のクラスになりかかっていたのに、今のままでは残念なクラスになってしまうことを、一人ひとりの心に響くように声に出して自覚させていった。

この授業のポイントは、自分の課題に向き合うことだけど、過去の自分たちを褒めているから、プライドがくすぐられて、やる気スイッチが入ること。

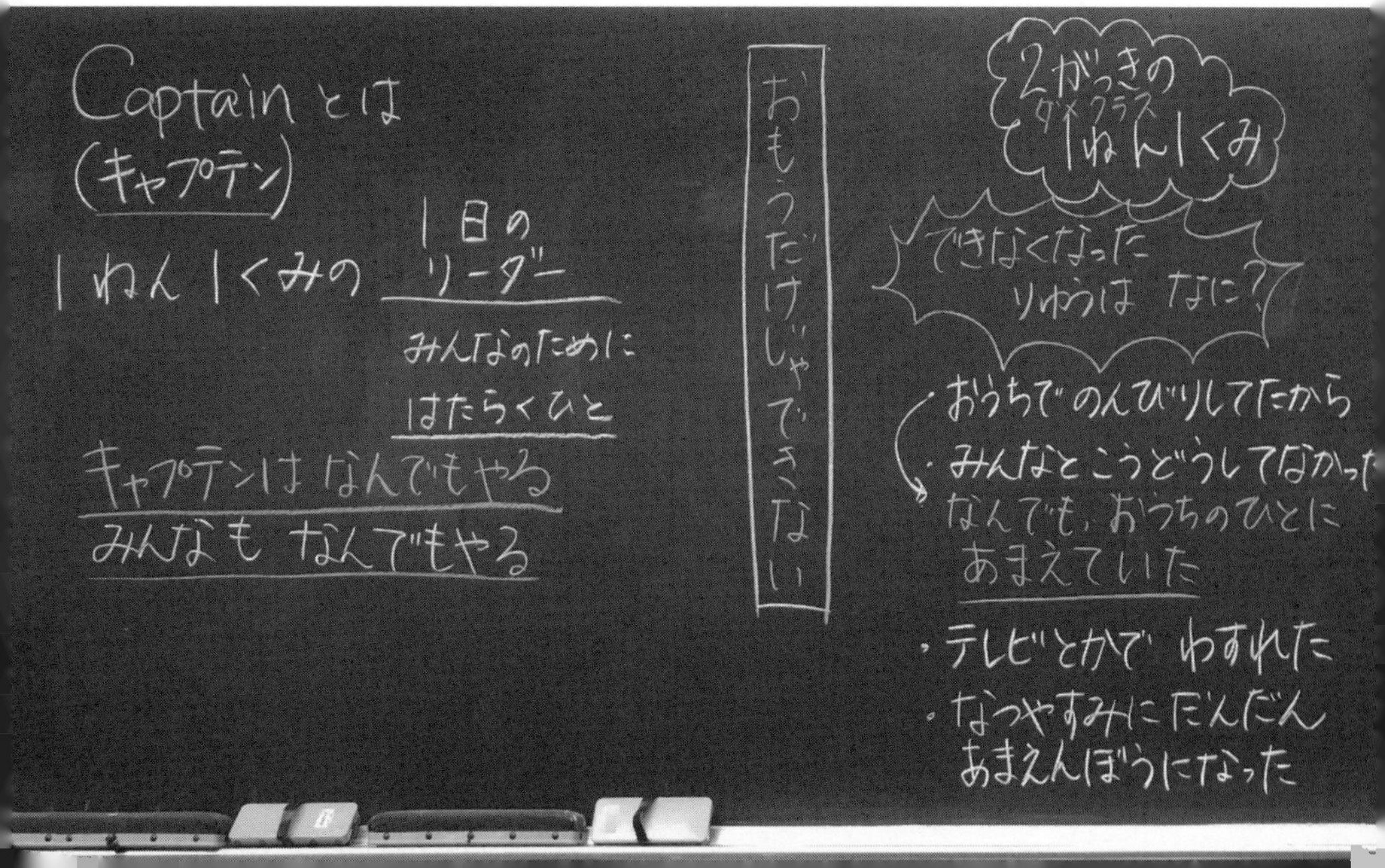
Captainとは
(キャプテン)
1ねん1くみの 1日のリーダー
みんなのためにはたらくひと
キャプテンはなんでもやる
みんなもなんでもやる
おもうだけじゃできない
2がっきの
ダメクラス
1ねん1くみ
できなくなったりゆうはなに？
・おうちでのんびりしてたから
・みんなとこうどうしてなかった
なんでも、おうちのひとにあまえていた
・テレビとかでわすれた
・なつやすみにだんだんあまえんぼうになった

インパクトライティング

子どもたちの夏休みの日記を読んでみると、「あさはやくおきて、くるまでおじいさんのいえにいきました。くるまがたくさんで、たいへんでした。とちゅうで、ラーメンをたべました。すごくおいしかったです。よるは、おじいさんとはなびをして、たのしかったです」

時間の過ぎていくままに表現し、何が印象に残ったのか、何が楽しかったのかが伝わってこない。

そろそろ読み手の事を考えた、気持ちや思いが伝わる作文の書き方についてみんなで共有しよう。

「今日は作文を書くときのすごいワザを伝授するよ！」

「作文キライ！」

「出来事をそのまま書けばいいんでしょ！」

「それも大事だけど、読んでいる方はつまらないよ」

「先生に言われたから書いているんだよ」

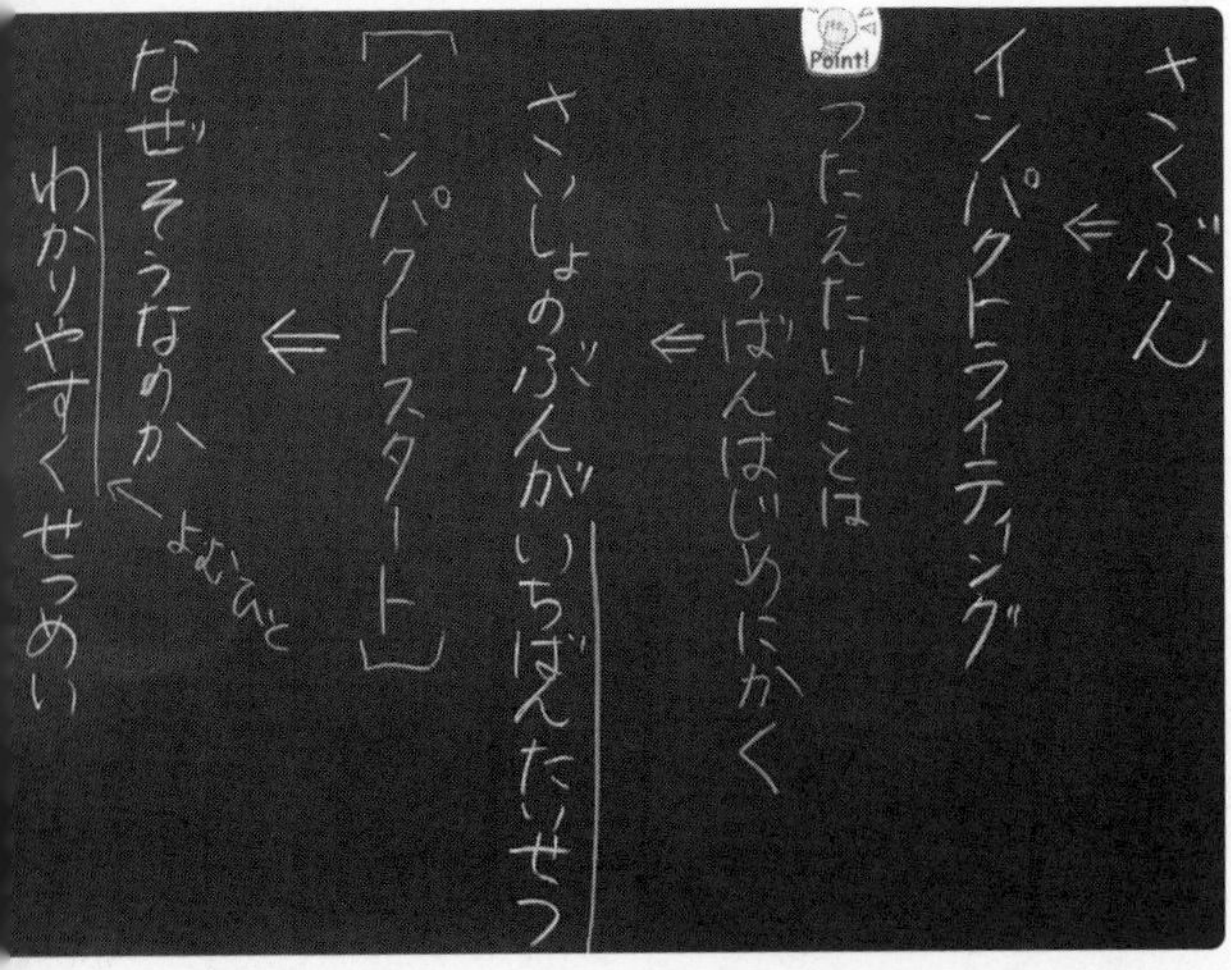

「人に読んでもらおうなんて考えていないよ」

「それじゃ、考えてみて！友達にお話しするときのこと」

「友達に話すとき、はじめに何ていうか」

「ねえ、ねえ、聞いて！」

「すげー事考えたよ！」

「昨日、最高に面白かったよ！」

「そうだよね！相手のことを自然に考えているから、興味をもってもらえるようにしているね」

「作文も同じだよ」

「一番伝えたいことを最初に書けばいいんだよ」

「つぎに、なぜそう思ったのか分かりやすく書くんだ」

「最後に、はじめに書いたことをちょっと大げさにまとめる」

この3段階を意識させると作文がガラッとかわる。

子どもたちには、この3段階を意識させるためにちょっとかっこよくカタカナを使って**「インパクトスタート」「クリアストーリー」「ドラマティックフィナーレ」**と板書した。

そしてこの書き方が**「インパクトライティング」**ということを共有した。

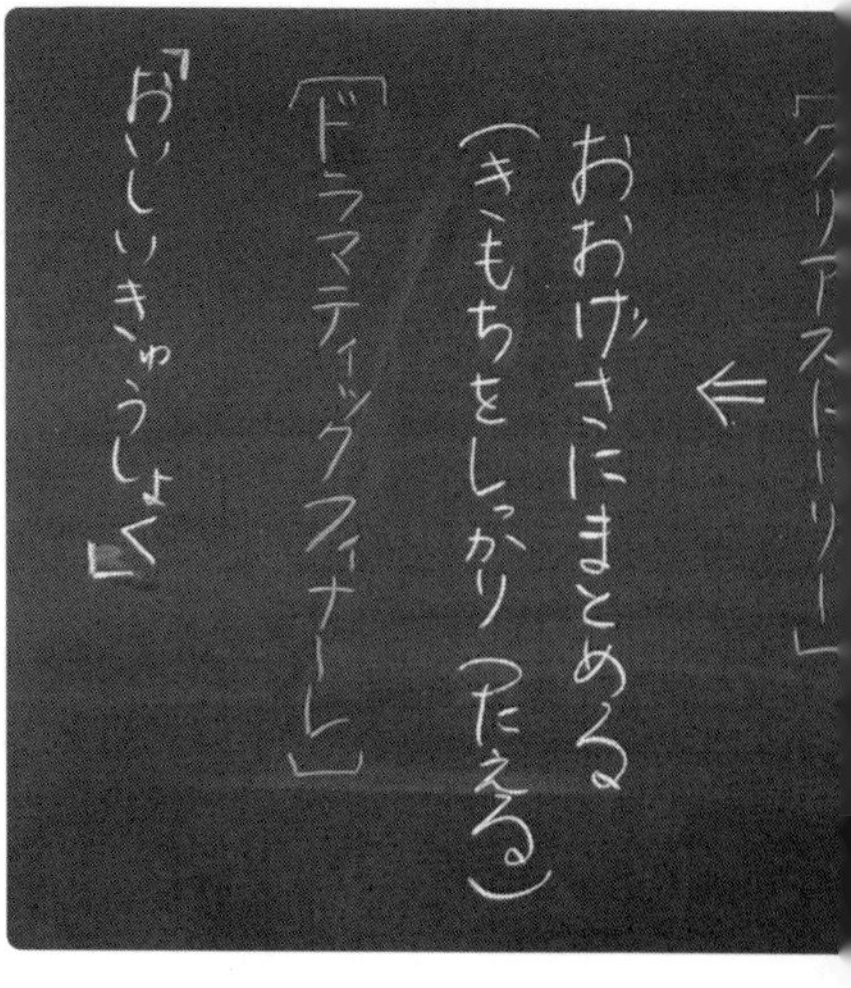

NGワードを決める

作文の表現力を鍛えるために、1年1組で使えないことばを5つ指定した。

・たのしい（たのしかった）

・おいしい

・うれしい

・さみしい

・かなしい

これらはとても便利なことばで、いろいろな場面で使える。でも、このことばを使うと作文のとき、子どもたちは「考える」必要がない。

もっと子どもたちに考えさせたいと思った。

「それでは、NGワード以外のことば

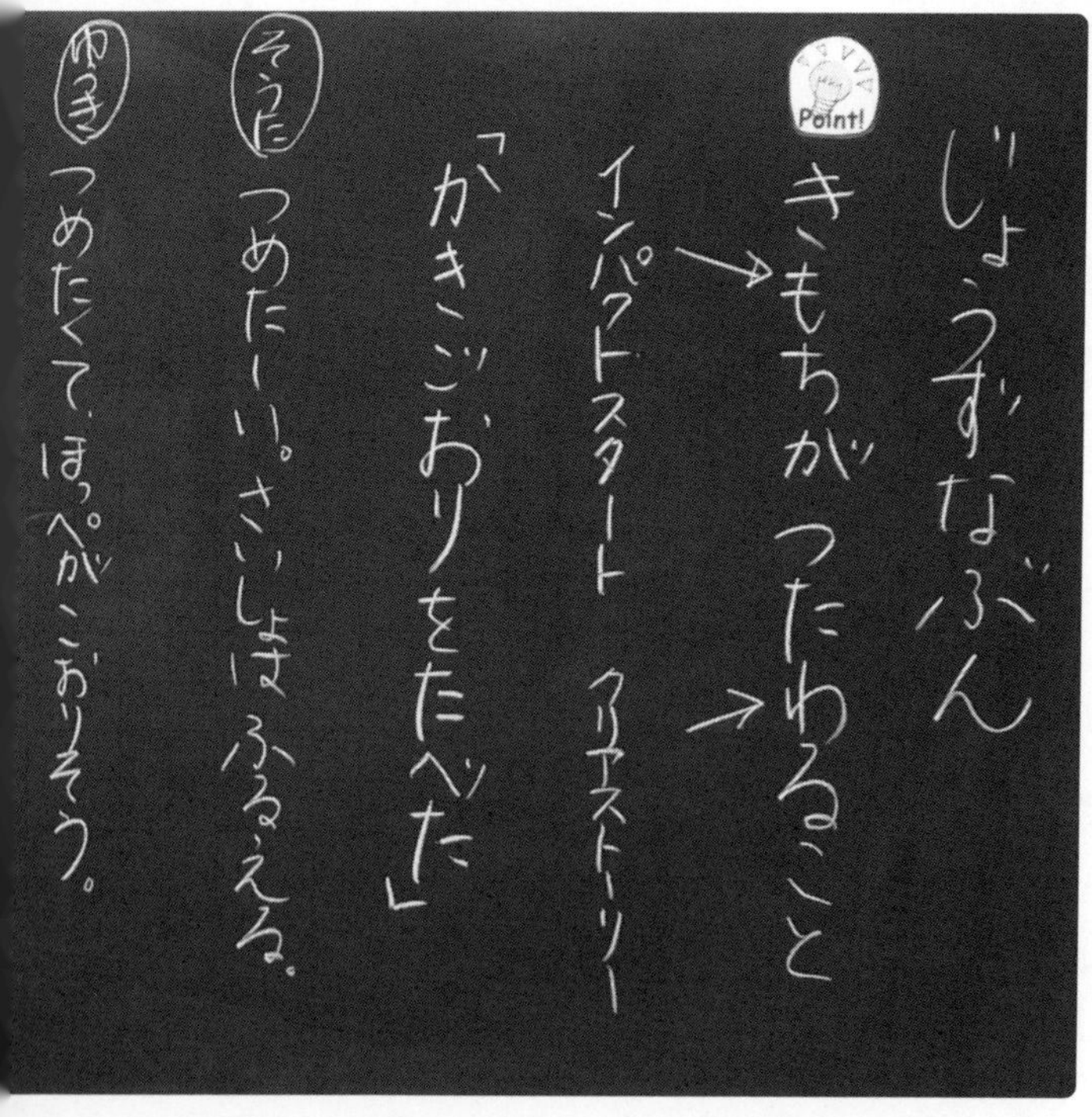
じょうずなぶん
きもちがつたわること
インパクトスタート　クリアエストーリー
「かきごおりをたべた」
そうた　つめたい。さいしょはふるえる。
ゆうき　つめたくてほっぺがこおりそう。

氷

を使って、練習してみよう」

「「かきごおりをたべた」のあとに続く文を考えよう」

「NGワードを使えば、「おいしかった」で終わりだね」

「でもそのことばは使えないよ」

「かきごおりを食べたときのことを思い出しながら、そのときの気持ちをどんな風に表せば友達に伝わるか考えてみよう」

「つめた～い。さいしょはふるえる」

「つめたくて、ほっぺがこおりそう」

「なつはやっぱりかきごおりだな」

子どもたちも自分たちの表現に驚いているようだった。

様々な表現ができることが分かり、自分に自信がもてるようになってきた。

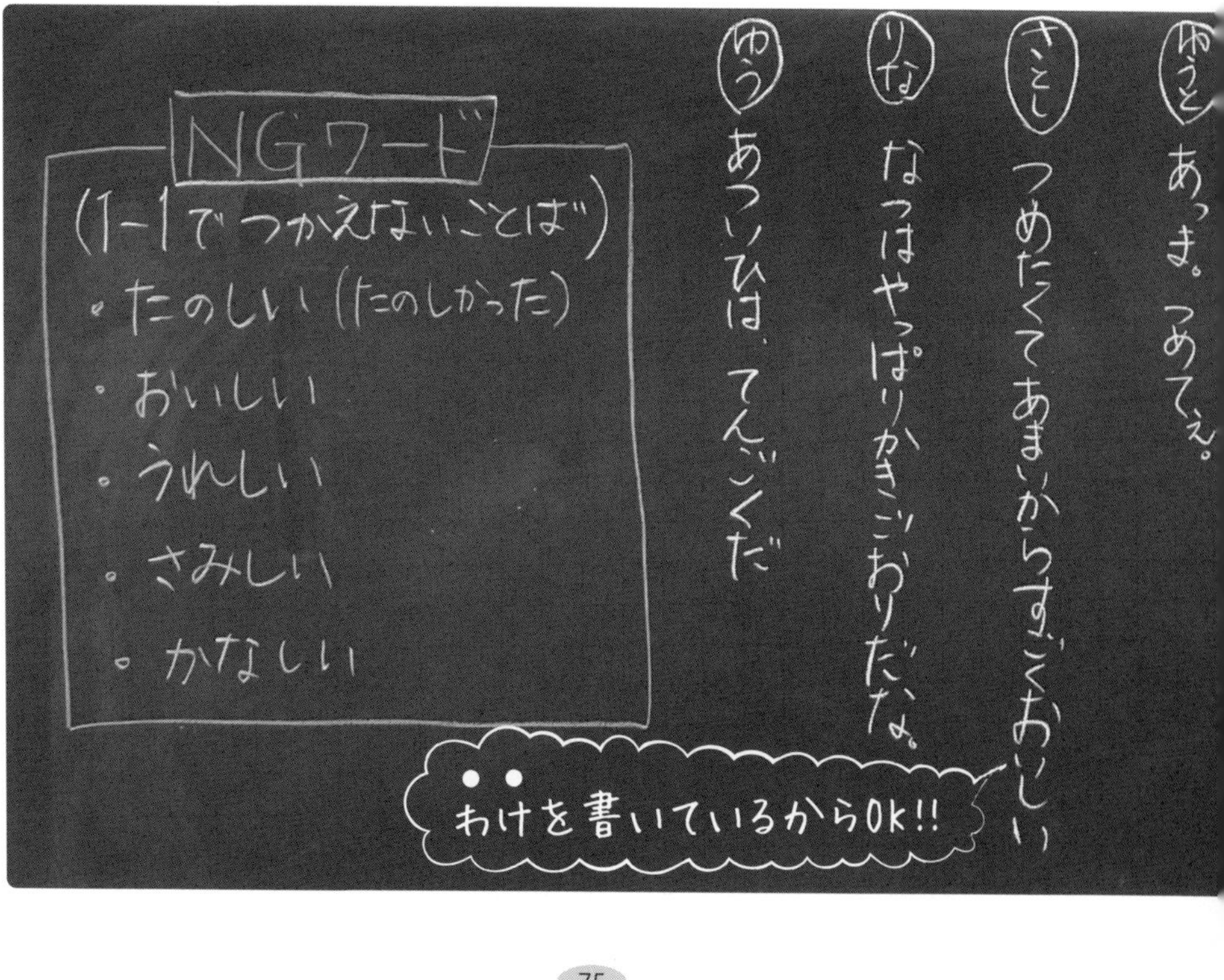
ゆうと あっま。つめてぇ。
さとし つめたくてあまいからすごくおいしい
りな なつはやっぱりかきごおりだな。
ゆう あついひは、てんごくだ
NGワード
(1-1でつかえないことば)
・たのしい(たのしかった)
・おいしい
・うれしい
・さみしい
・かなしい
わけを書いているからOK!!

U-2開始

8＋6＝14の計算の仕方を学習して、理解度が高まってきたとき、

「8や6を分解して考えれば答えは分かるけど、毎回毎回 8∧4 4、6∧4 2のように分けて計算したら時間かかるよね。もっとスピード上げるにはどうしたらいい？」

と聞いてみた。

「10をすぐに見つける！」

「それじゃ、8＋6＝8＋2＋4にするのと同じじゃん！」

「覚えちゃう！」

「何個覚えればいいの？」

「何個だと思う？何個だったら覚えられる？」

「100個くらいなら覚えられるかも！」

「そっか。実はね81個覚えればいいんだよ！よし！U-2やろう！」

	2	9	1	8	3	6	4	7	5
3									
6									
2									
5									
1									
7									
9									
4									
8									

- 上のようなマスを沢山作っておく。
- 縦と横に適当に1～9の数を並べる。
- これを友達と交換して、合図と同時に縦の数と横の数を足してマスを埋めていく。

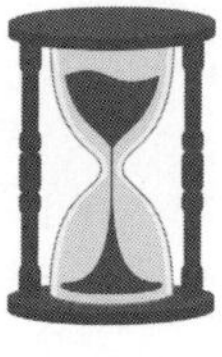

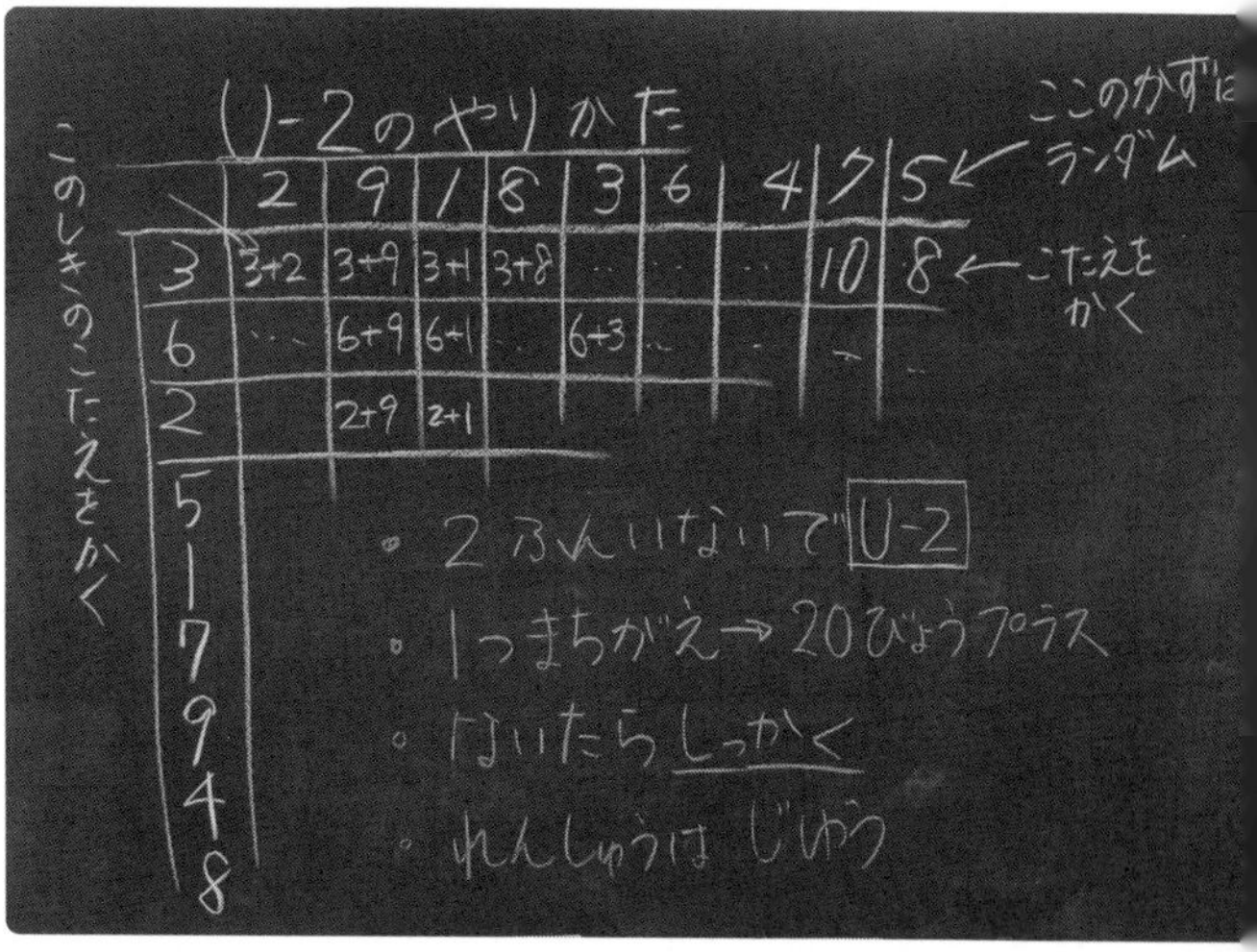

「U−2ってなに？」

「Under 2 minutes だよ。2分以内。81個の計算が2分以内にできたら、U−2の称号とシールあげちゃう！」

「おー！ 練習していいの？」

「いいよ。練習用紙を作っておくから、何枚持って帰ってもいいよ。練習は自由。本番は毎日1回やろっか」

そこから子どもたちは、大量に持ち帰り練習を始めた。練習を重ねた子がタイムを縮める。すると、抜かれた子が特訓する。努力した成果が数字となってあらわれる達成感の可視化。友達や、自分と競い合うゲーム性。多くの子は1日5枚ペースで練習していた。

U−2は1回練習すると、81問。よくある計算ドリルなら4ページ分の問題を解いていることになる。それを5枚。計算ドリル20ページ。多くの子が足し算のドリルを2日で1冊仕上げている練習量になる。これを数か月続けたのだから、早くなるわけである。

Challenge by Choice

　U-2が始まって1か月。毎日毎日20枚くらい練習する子たちが、2分は楽勝。1分10秒も切れるようになってきた。一方で、2分にチャレンジを続けている子も多くいた。早い子は2分はもはやチャレンジングではなかった。

　そこで、Challenge by Choiceと名付け、シールを作成した。

　目標を2分（ちびシール）、1分30秒（でかシール）、1分11秒(1年1組だから1並びにした。ぬまっちシール)、1分（ぬまっちシール+ライセンス）の4つに分けた。また、ちびシール、でかシール、も貯めればぬまっちシールと交換できるようにした。

　また、目標は毎回申告制で、例えば、1分30秒と申

Today's
CAPTAIN
Challenge by Choice
ちびシール×10
でかシール×5
ぬまっちシール
U-2　ちびシール
U-1'30　でかシール
U-1'11　ぬまっちシール
U-1　+ライセンス

告したならば、1分35秒なら失敗。1分20秒なら成功ででかシールゲット。1分10秒でも申告が1分30秒なので、でかシールのみというものだった。そう、申告していないとタイムを切っても次のシールはもらえないのである。

これがまたゲーム性を高めた。

「昨日の練習で初めて1分11秒切ったからイケる！」

と、意気込んで勝負する子や、

「まだ1回しか1分11秒切れてないから、確実にでかシールねらう」

と、安全策の子。

「うわぁ！ベストタイムの1分9秒なのに1分30秒って書いちゃった！なんか嬉しさダウン！」

U-2の自主練習はさらに盛り上がり、1週間に2000枚近くの練習用紙が消費された。そのため、練習用紙は両面刷りとした。

効果的だったのがキラキラぬまっちシール。これを筆箱にたくさん貼っていくのが、成功体験の可視化となっていった。

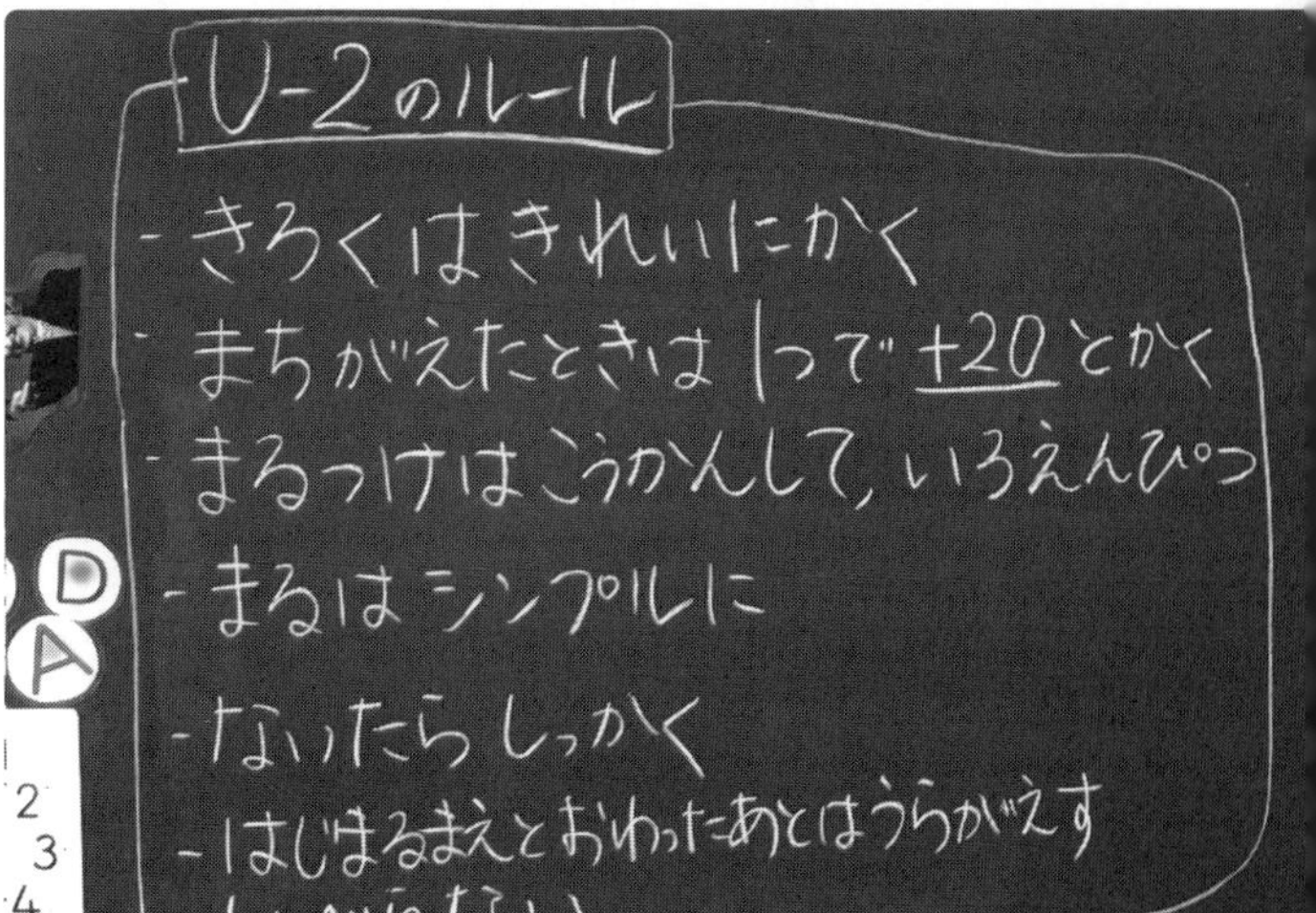
U-2のルール
-きろくはきれいにかく
-まちがえたときは1つで+20とかく
-まるつけはこうかんして、いろえんぴつ
-まるはシンプルに
-ないたらしっかく
-はじまるまえとおわったあとはうらがえす
-しゃべらない

なぜ漢字を学ぶの？

2学期になると漢字の学習が始まる。

そこで、なぜ漢字を勉強するのかを子どもたちに聞いてみることにした。

「ひらがなで文章も書けるようになったし、日常生活ではこまらないよね。だから漢字の勉強はしなくてもいいよね。それに、これから多くの漢字が出てきて、覚えるのに苦労する。まだ1文字も学んでいない今が、やめるチャンスだ！」

と問いかけてみた。

「やっぱ、漢字が書けるとかっこいいよ」

「ひらがなだけだと文章を書くとき文字の数が多くなるよ」

「ひらがなだけだと、意味が分からないよ。

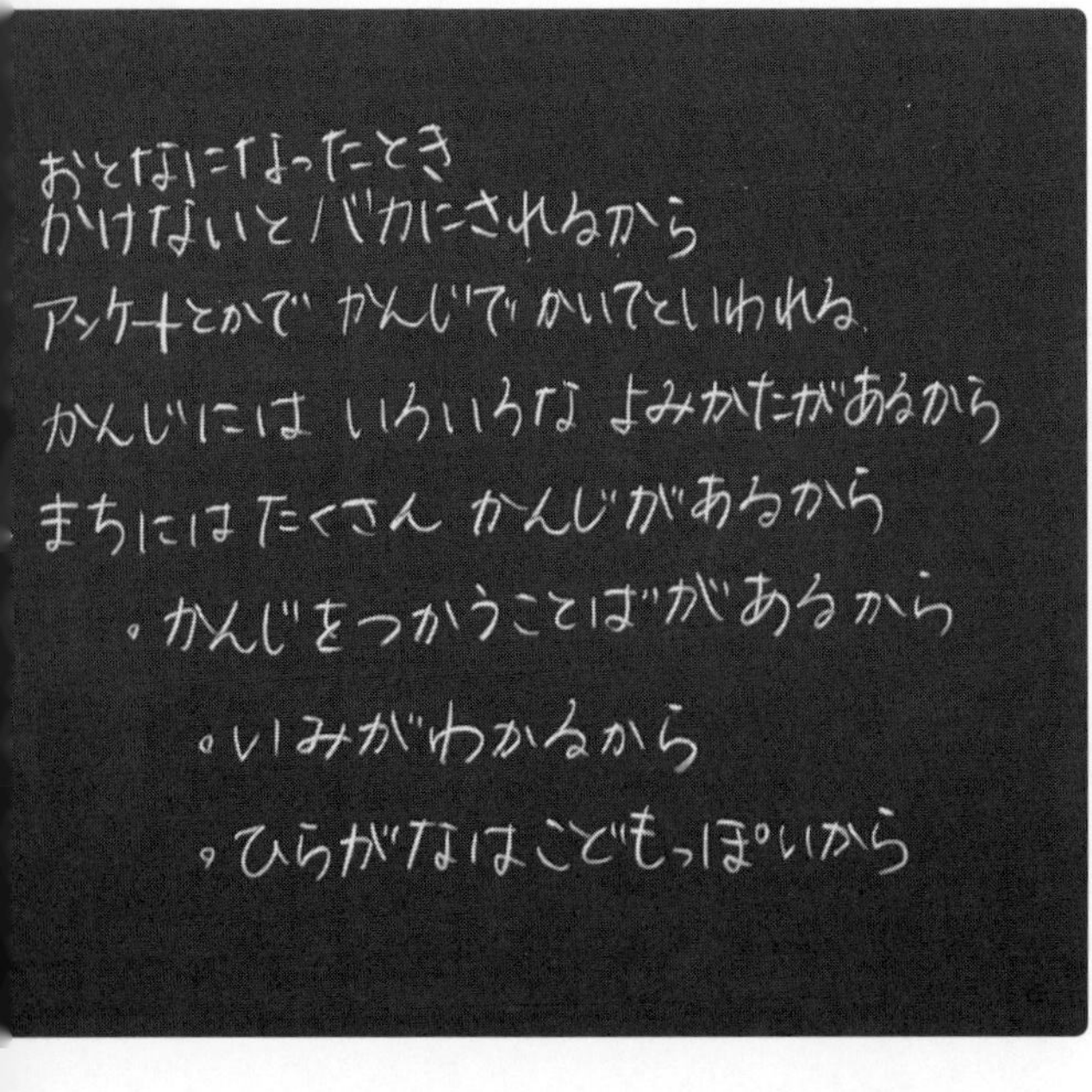
おとなになったとき
かけないとバカにされるから
アンケートとかで かんじでかいてといわれる
かんじには いろいろな よみかたがあるから
まちにはたくさん かんじがあるから
・かんじをつかうことばがあるから
・いみがわかるから
・ひらがなはこどもっぽいから

「はし」というと川にかかっているもの？食べるときに使うもの？」

「町にはたくさん漢字があるから、勉強しておいた方がいいよ」

「これから先、たくさんの漢字が出てきて覚えるのに苦労するぞ。それでもやるか？」

「やりたい！」

「覚えるのに苦労しても弱音を吐いたり、諦めたりするなよ」

「うん！」

自分たちが漢字を学ぶ意義を見つけ、自分のために勉強するという意識を持たせることが学習を進める上で大切と考えた。

子どもたちは、自分なりの漢字学習の意義を見つけ、これから学習に取り組んでいくことになる。

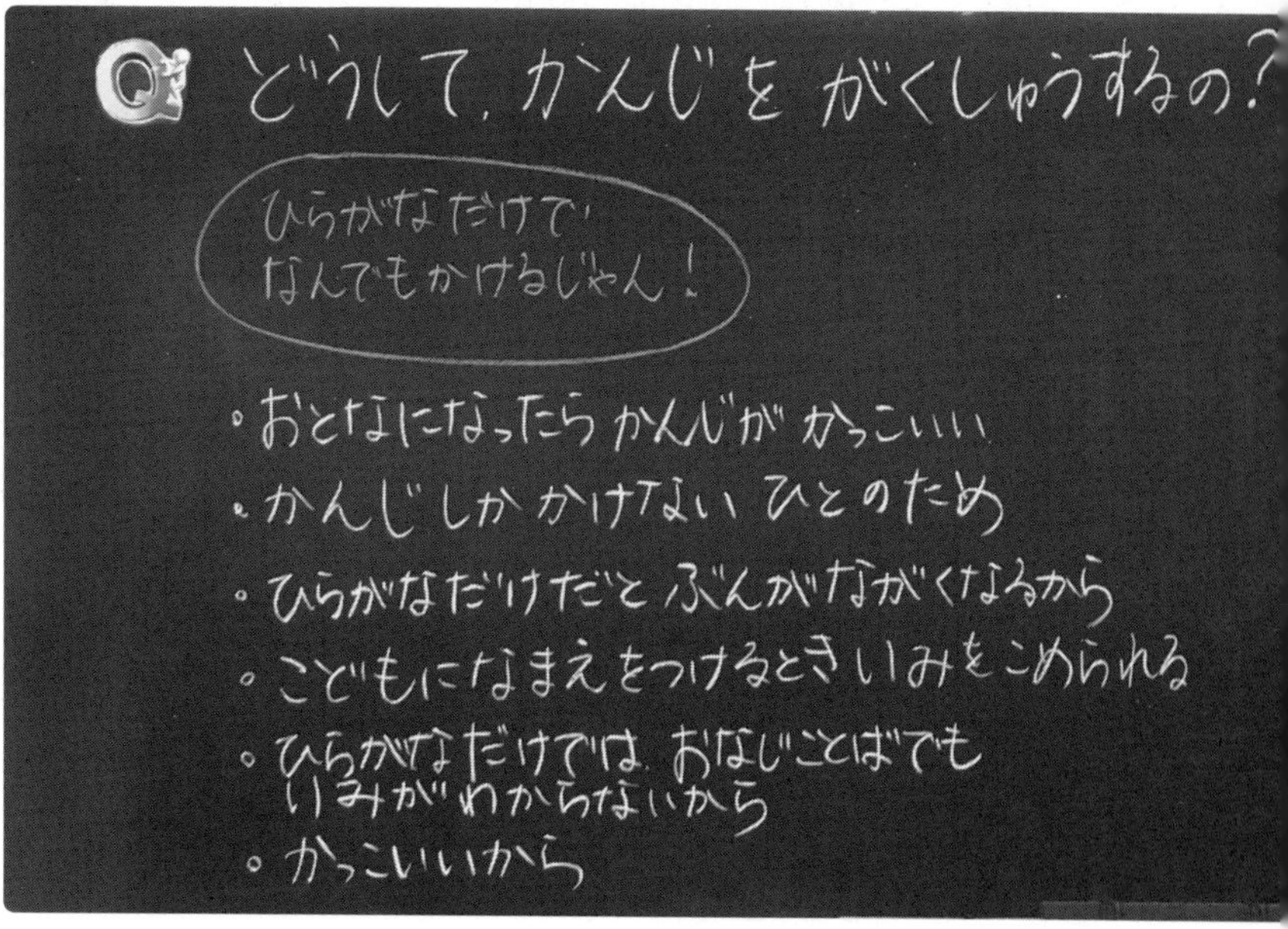
Q どうして、かんじをがくしゅうするの？
ひらがなだけで なんでもかけるじゃん！
・おとなになったらかんじがかっこいい
・かんじしかかけないひとのため
・ひらがなだけだとぶんがながくなるから
・こどもになまえをつけるときいみをこめられる
・ひらがなだけでは、おなじことばでも いみがわからないから
・かっこいいから

KG3開始

ボクの漢字練習は、普通とちょっと違う。

黒板に十三問の短文を示す。

普通、漢字にする文字の横に線を書く。

ボクの問題は漢字にしなくていいところを波線で示す。

「文を読んで漢字にできるところを漢字に直してください」

子どもたちは学習した漢字を思い出しながら漢字に変えていく。

ノートに書いた漢字に変えた文をボクに提出する。

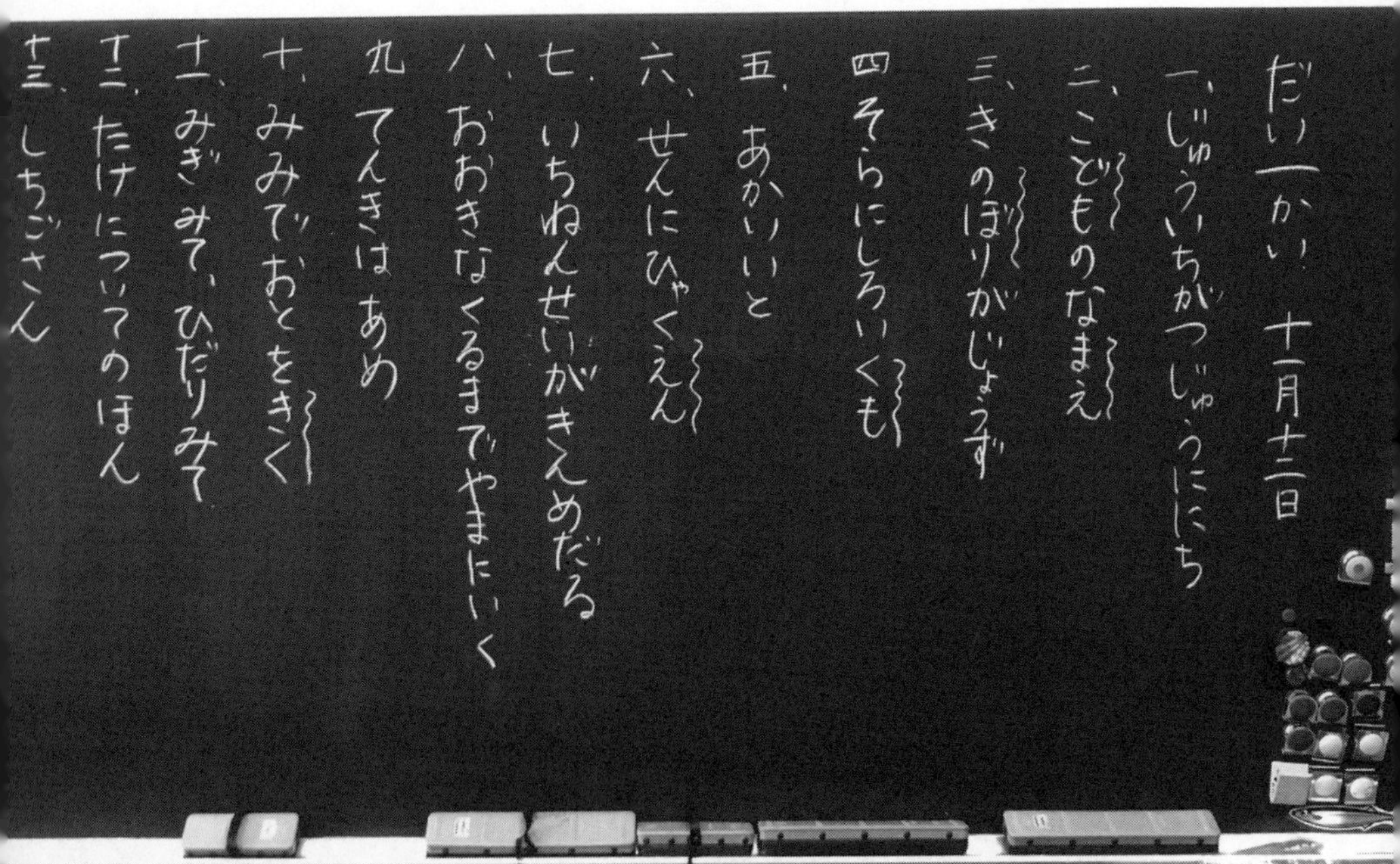
だい一かい 十一月十二日
一、じゅういちがつじゅうににち
二、こどものなまえ
三、きのぼりがじょうず
四 そらにしろいくも
五、あかいいと
六、せんにひゃくえん
七、いちねんせいがきえめだる
八、おおきなくるまでやまにいく
九 てんきはあめ
十、みみでおとをきく
十一、みぎみて、ひだりみて
十二、たけについてのほん
十三、しちごさん

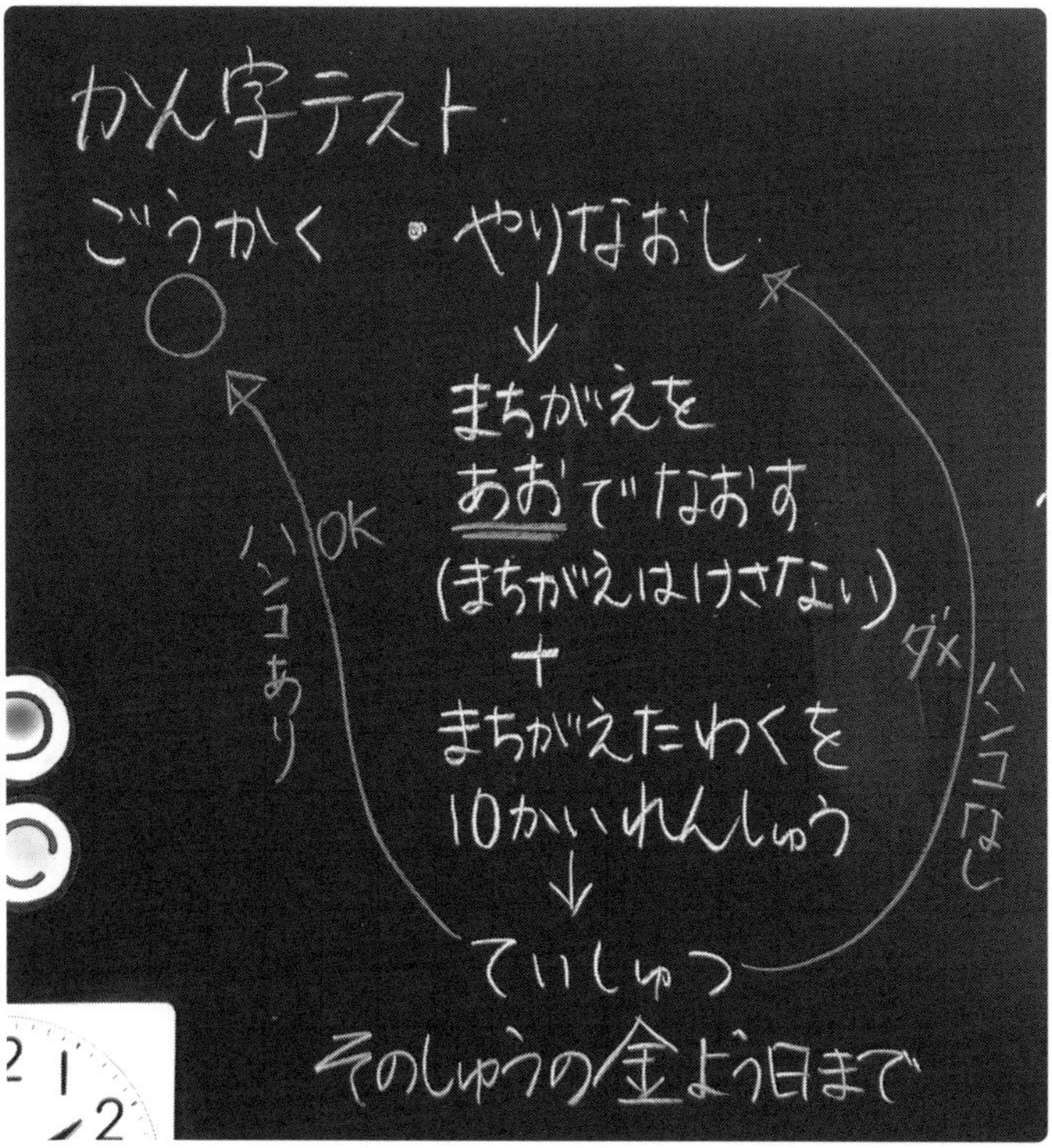
かん字テスト
ごうかく
やりなおし
まちがえを
あおでなおす
(まちがえはけさない)
+
まちがえたわくを
10かいれんしゅう
ていしゅつ
そのしゅうの金よう日まで
OK
ハンコあり
ダメ
ハンコなし

全問題があっていればハンコを押して返却する。

間違いや漢字に直していない所があるときは、ハンコなしで返却する。

ハンコなしの子は、自分で見直して青色のペンで修正して、同じ漢字を10個書いて再提出する。ＯＫならばハンコを押して返却する。まだ、間違っているところがあるときは、またそのまま返却する。これを繰り返す。

これがボクたちの漢字練習ＫＧ３である。ＫＧ３、子どもたちが名付けた漢字テスト。なかなか洒落てる。

１年の初めは漢字が少ないが、だんだん使える漢字が増えていく。３学期は毎回１年生の漢字のほぼ全てが出題されていた。

サンマをうまく食べられる子はモテル！

最近の子どもたちは、焼き魚を上手に食べられなくなっている。もっとも家庭の食卓にも切り身の魚料理は出るけど、丸焼きのような魚は少ない。

朝の会のトーク中に子どもたちに焼いた魚を、箸を使って食べる経験をさせるチャンスがまいおりてきた。

「最近、焼いた魚を食べた人、いるかなな？」

「昨日サンマ食べたんだよね、美味しかった！サンマ好きな人いる？」

「好き！」

「にがいからきらい」

「食べにくい」

「そっか、最近は魚をきれいに食べられる人が減ってるって言うもんな。みんなはどう？」

「できる！」

「にがて……」

「ママにやってもらう」

「魚が上手に食べられると、カッコいいよね」

「ぬまっち、魚が上手に食べられたらモテる？」

「モテるぞ～モテモテだ」

「やりたい！みんなでサンマ食べたい！」

このとき見えた！この子たちが一生懸命にサンマを食べている様子。そしてその先に保護者の笑顔。


この年はサンマが豊漁とニュースでやっていた。ということは、1尾100円ちょっと。クラス分のサンマは最悪自腹でもOKとして…。

何気なく廊下を見ると栄養教諭が歩いていた。即呼び止めて聞いた。

「給食室でサンマ焼ける？」

「水曜日なら、お弁当の日なのでオーブン使えます」

ここでまた見えた！この子たちがサンマを食べ終わって、大人たちに褒められて誇らしげな顔が。やるしかない。

そしてクラスで宣言した。

「サンマパーフェクト骨抜きフェスをやるぞ！」

「『大会』は、今ふうではないのでフェスにします。今から2週間後。9月19日にSPHF（サンマ・パーフェクト・骨抜き・フェス）をするぞ！」

「練習は自由。家で何度食べてもいい」

「ルールは2つ。①手と箸だけ使える②泣いたら失格」

家庭で練習するときにうまくいかなくて泣くこともある。そうすると、保護者の皆さんも大変だろうな～と思って、入れたルールが「泣いたら失格」。このルールはクラスでの当たり前になってきた。

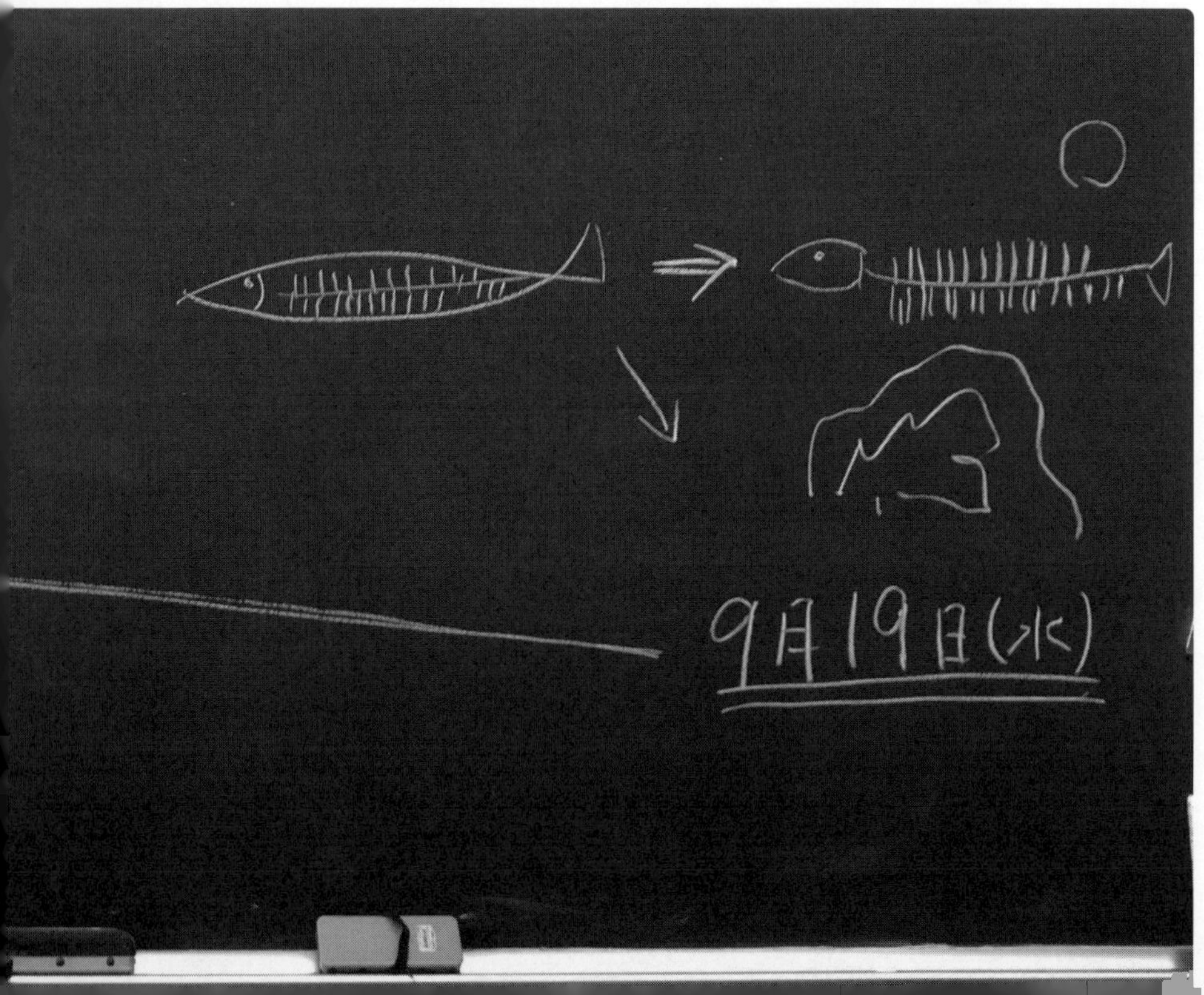

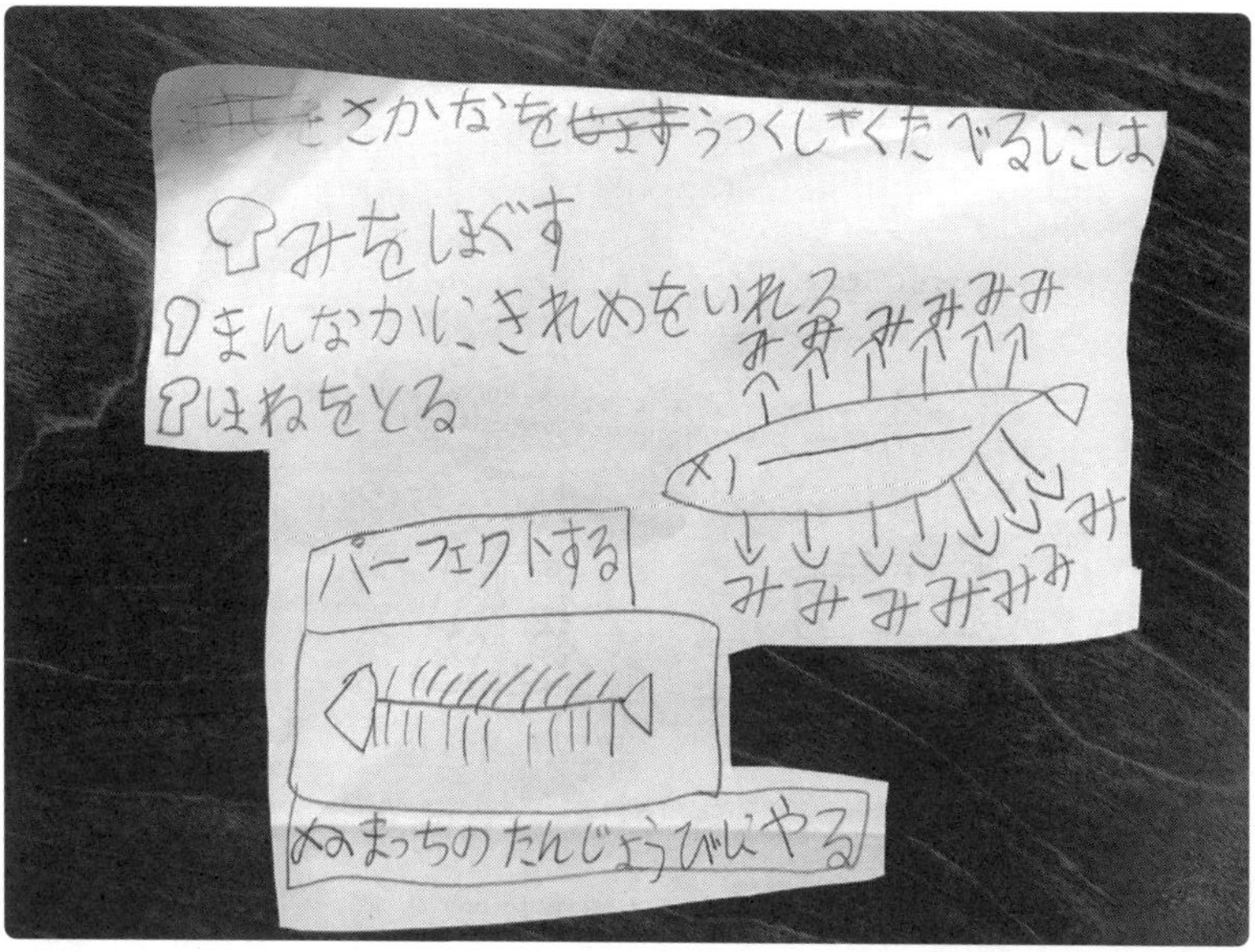
さかなをうつくしくたべるには
①みをほぐす
②まんなかにきれめをいれる
③ほねをとる
パーフェクトする
ぬまっちのたんじょうびにやる

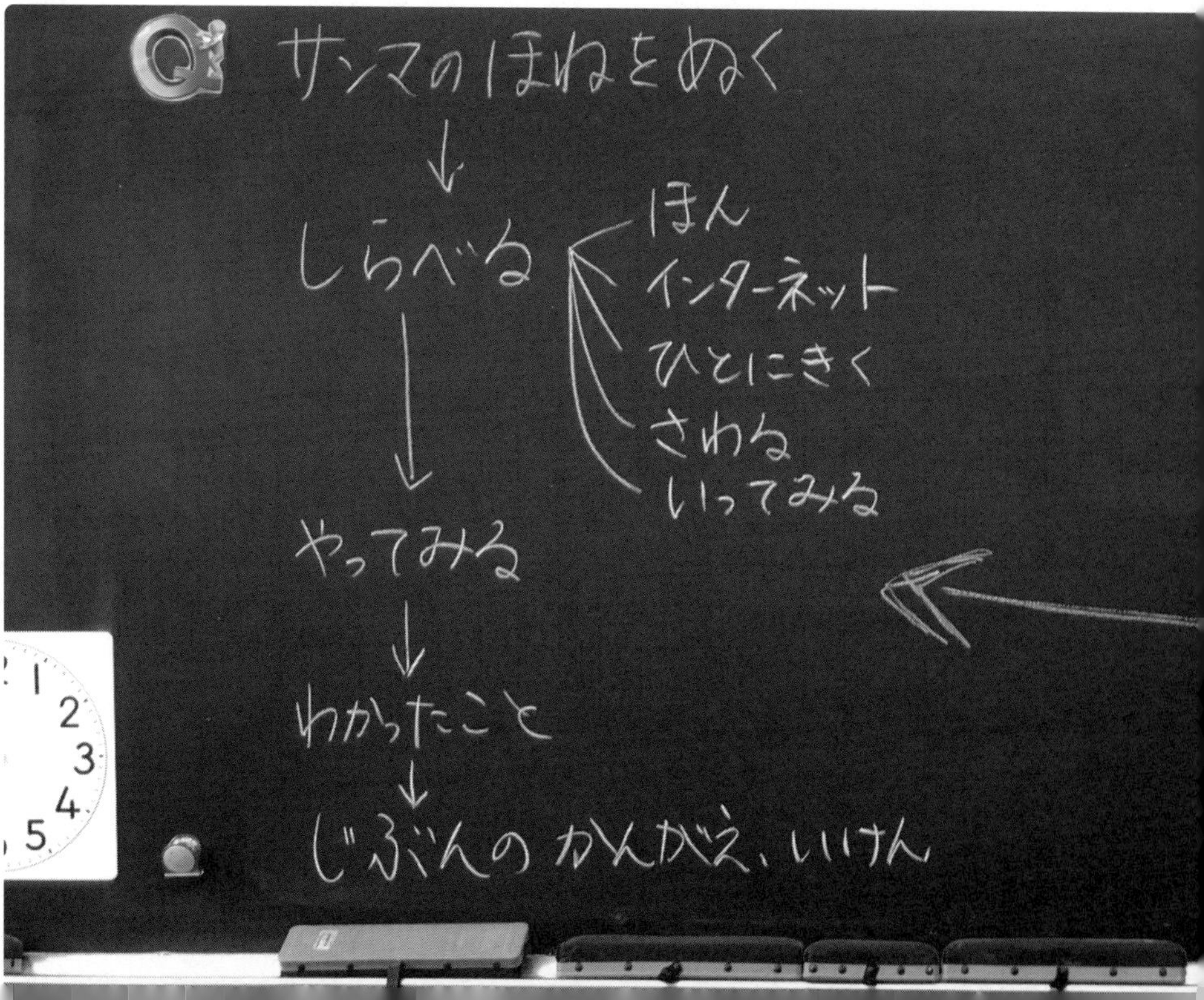
サンマのほねをぬく
しらべる
ほん
インターネット
ひとにきく
さわる
いってみる
やってみる
わかったこと
じぶんのかんがえ、いけん

PDCAでサンマを食べる

子どもたちに練習するときの注意をした。Dにあたる「食べてみる」をやった後、上手くいかなかったことを、すぐにもう一度やってみることはぜず、Cにあたる、じっくり振り返りを行うことを徹底した。PDCAサイクルは、あらゆるときに意識させて当然のように使いこなせるようにしたい。

そして9月19日。
サンマ・パーフェクト・骨抜

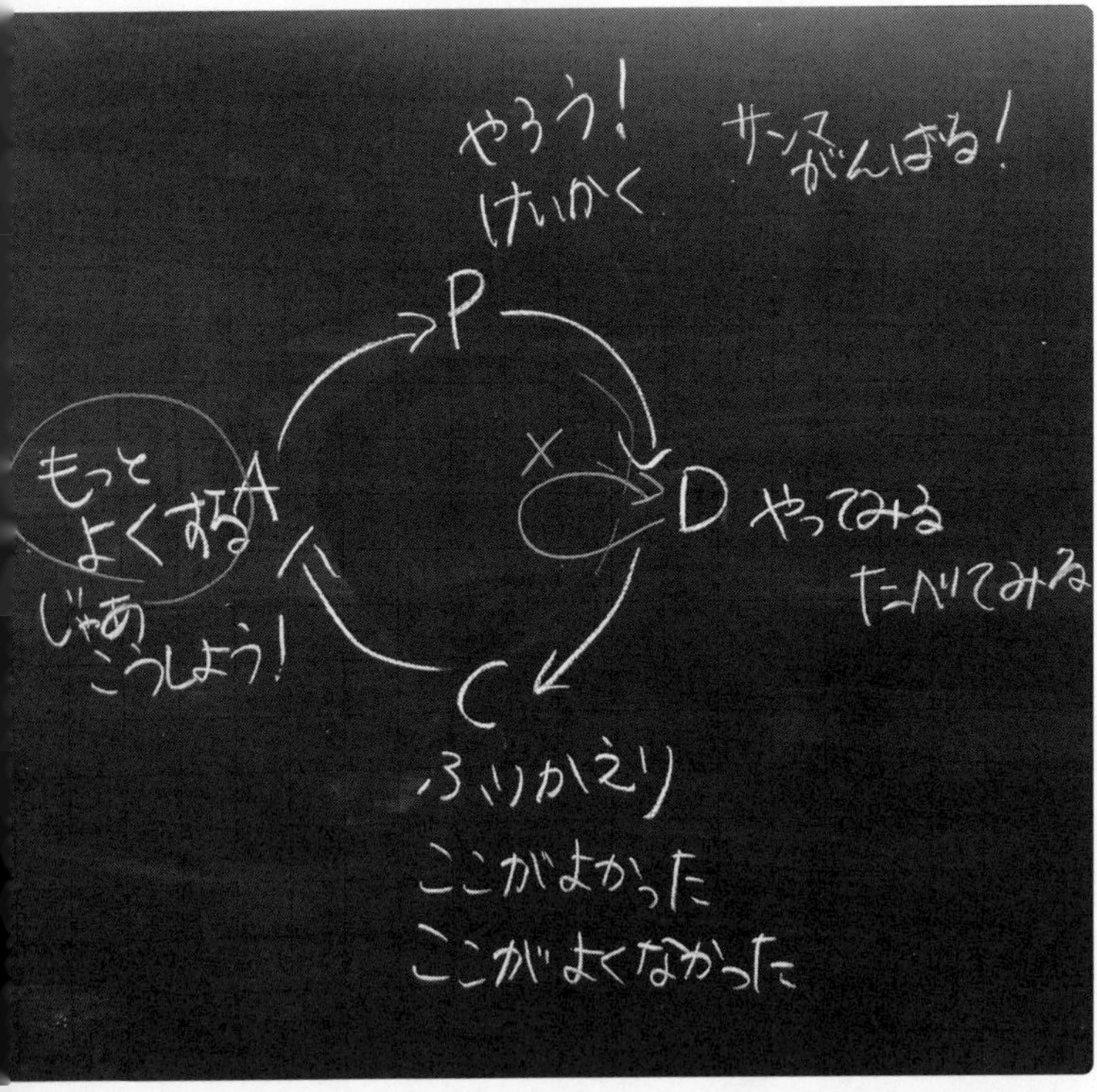

やろう！
けいかく
サンマがんばる！
P
D やってみる
たべてみる
C
ふりかえり
ここがよかった
ここがよくなかった
A
もっとよくする
じゃあ、こうしよう！

き・フェスの当日、子どもたちは真剣な面持ちで、焼いたサンマを自分でお盆に載せていく。

みんな外科の先生のように慎重に骨をはずして、ゆっくり身を味わっていた。

子どもたちは真剣だけど楽しそう。

周りで見ている保護者も、ハラハラしているけど嬉しそうに、子どもの成長を見守っていた。

サンマを食べるのC！PDCAサイクルを回そう！

SPHF（サンマ・パーフェクト・骨抜き・フェス）の振り返りを行った。

「にがそう」だと思った子も「まあ、いけた」といった感想をもった。

食べ方についても家でかなり練習したようで「前より食べるのが上手になって嬉しかった」といった感想もあった。

この授業、家庭での「サン

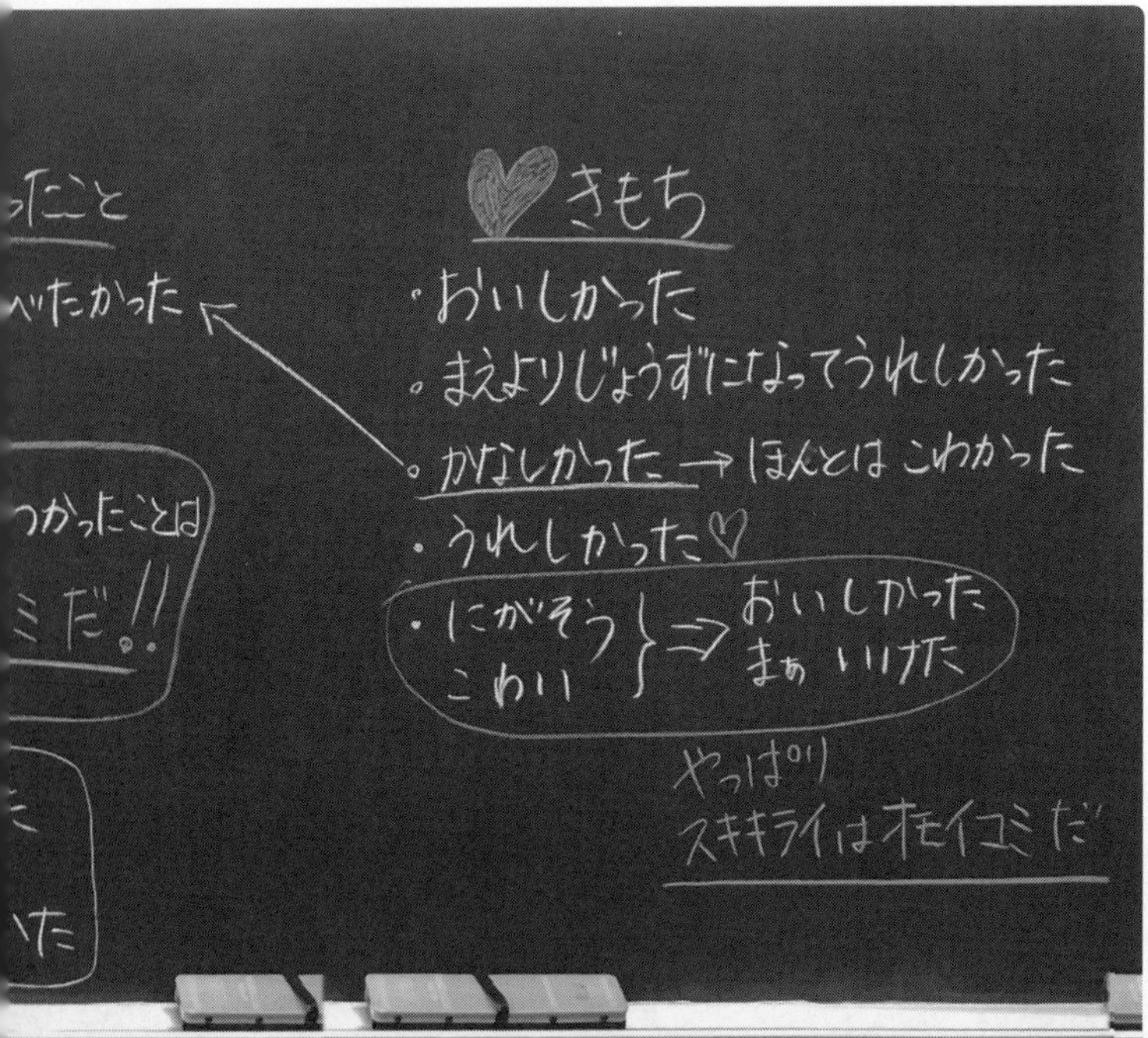
きもち
おいしかった
まえよりじょうずになってうれしかった
かなしかった→ほんとはこわかった
うれしかった
にがそう こわい
おいしかった まぁ いけた
やっぱり
スキキライはオモイコミだ

マ」消費に貢献したようだ。

結局、「スキキライはオモイコミ」という1年1組の標語が「本当だ！」ということが分かったので、それをこんどはみんなに伝えようということになった。

10月に行われる学習発表会（藤の実フェスタ）で発表することにした。

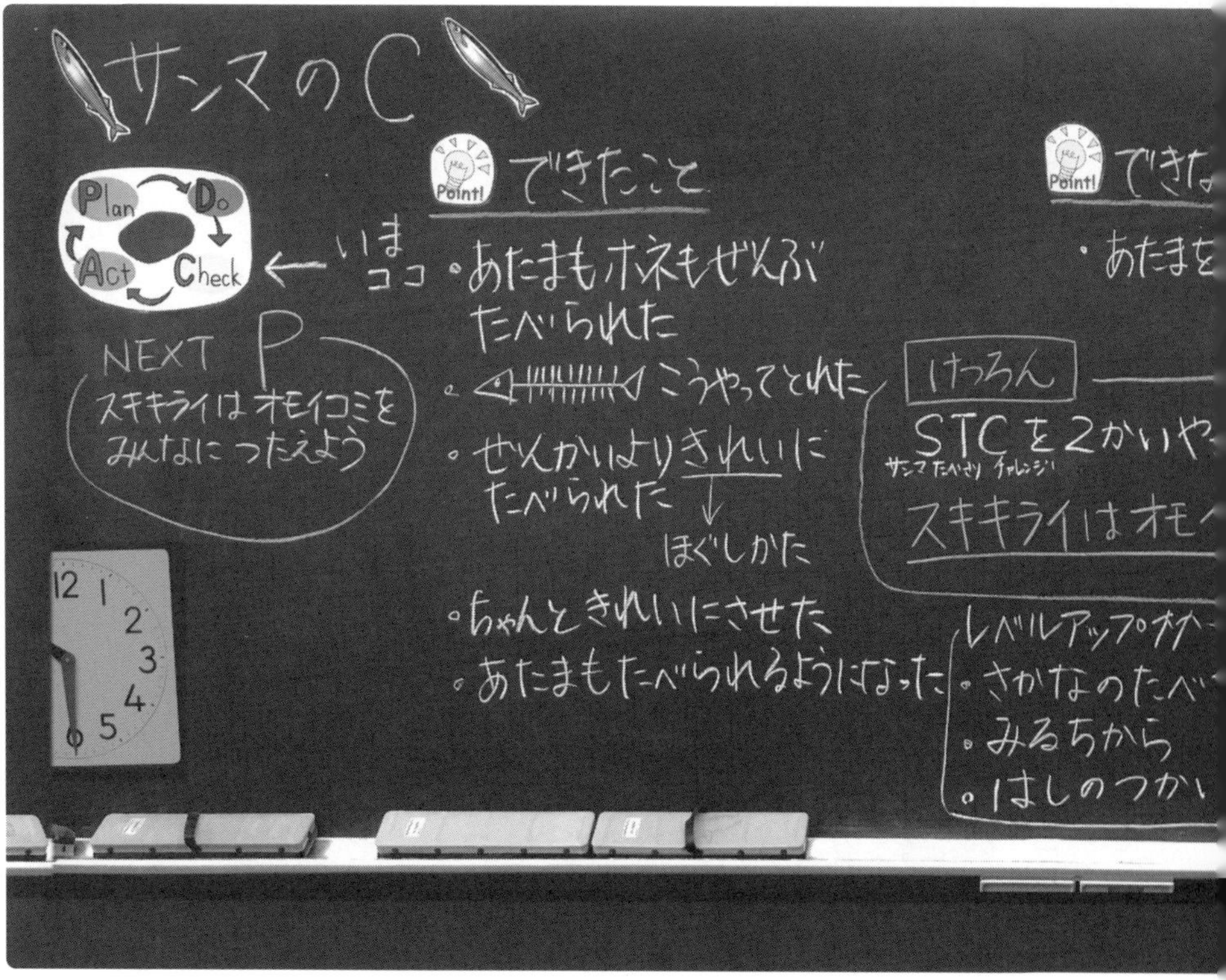

学習発表会のC（振り返り）

10月の学習発表会では、子どもたちより保護者の方々が楽しんでいるようだった。

子どもたちは、今まで得たサンマに対する「知」を、「サンマクイズ」や「身の上手な取り方」として、保護者や仲間に生き生きとプレゼンしていた。

それを保護者が「そうなんだー」「へー」と真剣に相槌を打ちながら聞いている姿が印象的だ。

子どもの主体的な学びは、さまざまな活動を通して自然に身に付いていく。

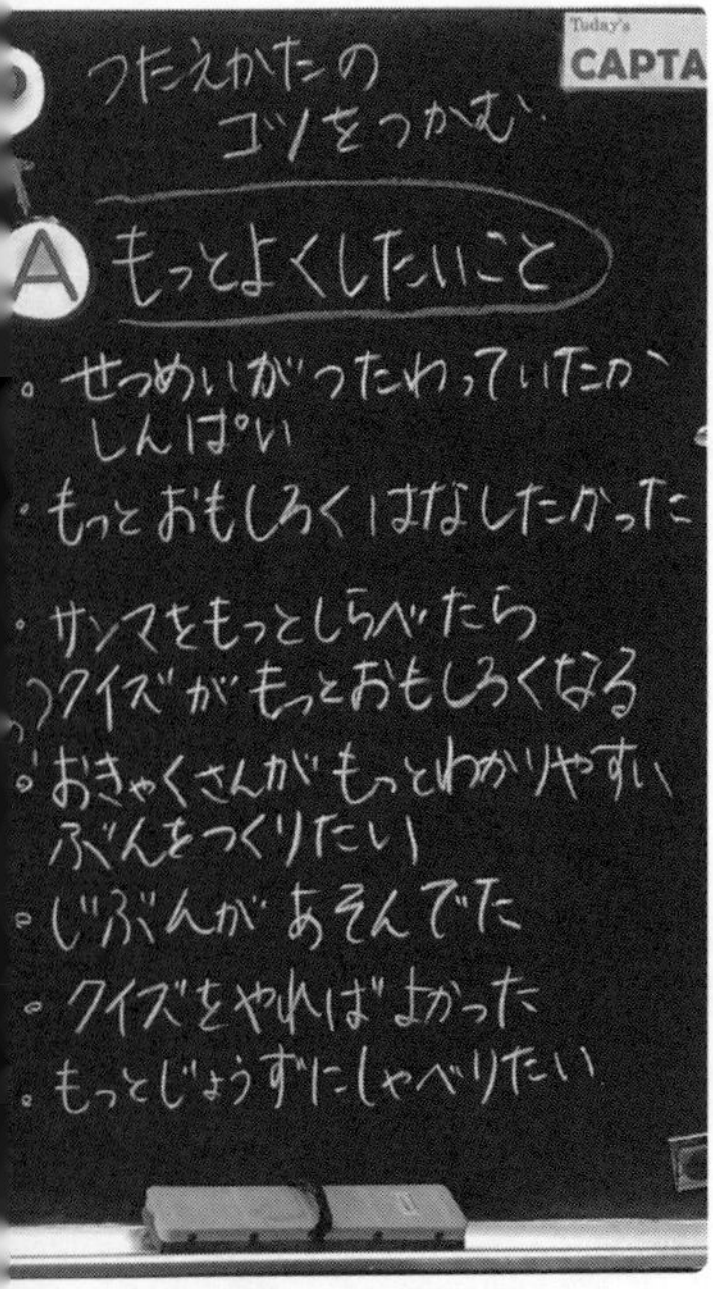
Today's
CAPTA
つたえかたの
コツをつかむ
A もっとよくしたいこと
・せつめいがつたわっていたか
しんぱい
・もっとおもしろくはなしたかった
・サンマをもっとしらべたら
クイズがもっとおもしろくなる
・おきゃくさんがもっとわかりやすい
ぶんをつくりたい
・じぶんがあそんでた
・クイズをやればよかった
・もっとじょうずにしゃべりたい

ボクたちはその活動を「学習」という枠組みだけにとらわれず、広く「生活」という場にも広げて、自分自身の成長が実感できるPDCAサイクルを、子どもたち自身が当たり前にまわせるようにすることが大切だろう。

学習発表会の後も、当然のように振

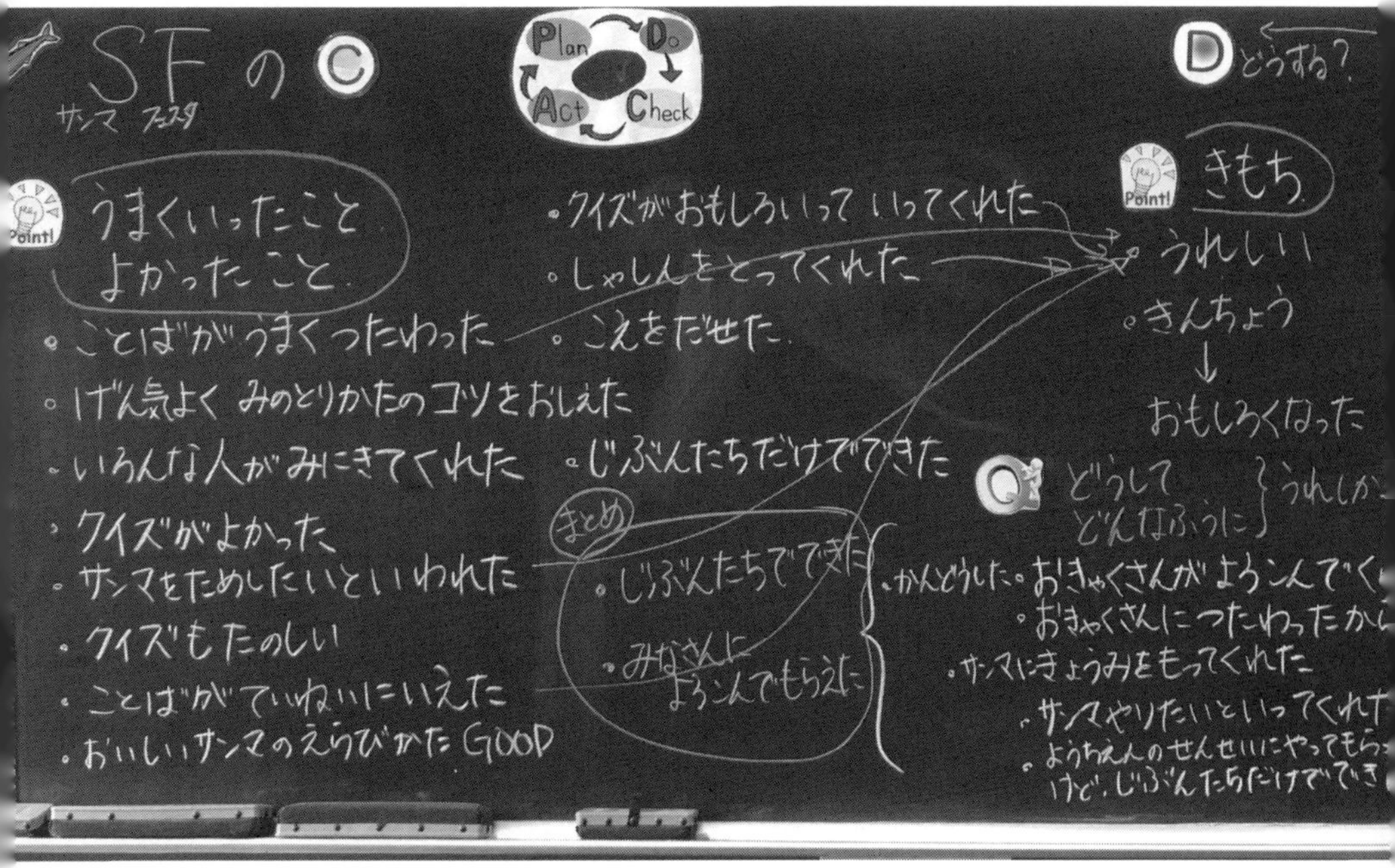
SFの C
サンマ フェスタ
Plan Do Check Act
D どうする?
うまくいったこと よかったこと
・クイズがおもしろいって いってくれた
・しゃしんをとってくれた
・こえをだせた
・ことばがうまくつたわった
・げん気よく みのとりかたのコツをおしえた
・いろんな人がみにきてくれた
・じぶんたちだけでできた
・クイズがよかった
・サンマをためしたいといわれた
・クイズもたのしい
・ことばがていねいにいえた
・おいしいサンマのえらびかたGOOD
Point!
きもち
・うれしい
・きんちょう
↓
おもしろくなった
Q どうして どんなふうに うれしか
まとめ
・じぶんたちでできた
・みなさんに よろこんでもらえた
・かんどうした
・おきゃくさんがようこんでく
・おきゃくさんにつたわったから
・サンマにきょうみをもってくれた
・サンマやりたいといってくれ
・ようちえんのせんせいにやってもら けど、じぶんたちだけででき

り返りのCを行った。

「もっと、プレゼンの仕方を上手にしたい」

「楽しい話し方ができるようにしたい」

「自分が楽しんじゃった」

など、子どもたちからは前を向いた意見がたくさんでた。

きっと、この子たちは、新しいことに挑戦しても必ず振り返り、それをもとに改善していく方法を身に付けてくれたと思う。

2020年度から、小学校算数の統計領域でPPDACサイクルという問題解決の方法を学ぶようになる。

これは問題を自分で見いだすことが大切になる。

P：問題を見つける。
P：計画を立てる。
D：データを集める。
A：データを分析する。
C：結論を出す。

このように、問題を改善したり、解決したりする方法を学ぶ方が、知識をたくさん仕入れるような学習より大切な時代が来ている。

知識はコンピュータがボクたちよりはるかに多く記憶することができる。

それを使いこなす時代に生きる子どもたちに必要なのは「知識」を活用し、自分の考えを加え、新しい何かを創出したり、最適解を見つけたりすることである。

子どもたちが学ぶべきことは、知識を「知力」にかえていく方法ではないだろうか。

子どもたちが目指す姿

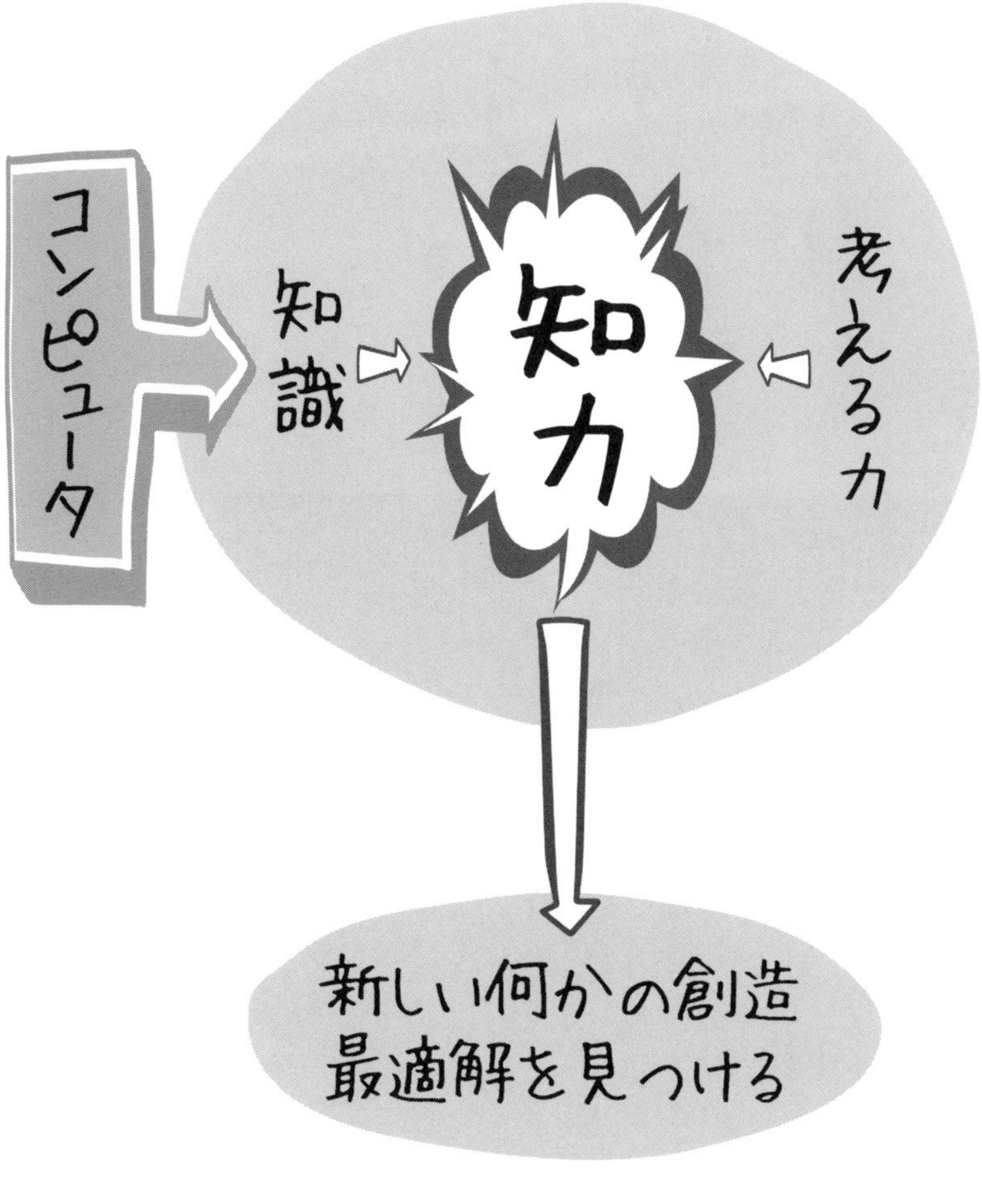
コンピュータ
知識
知力
考える力
新しい何かの創造
最適解を見つける

めんどくさいモンスターをたおせ！

クラスの雰囲気がよくなると、みんながリラックスする。

そうすると、子どもたちから「それ、めんどくさいよー」「めんどうくさいからヤダー」といったことばが聞かれるようになる。

これらは、何でも言えるクラスの雰囲気が、個々の我儘を顕在化させた結果だろう。

それなら「めんどくさい」をモンスターにして、それをやっつけることをみんなで考えようと思った。

題して**「めんどくさいモンスターをたおせ！」**である。

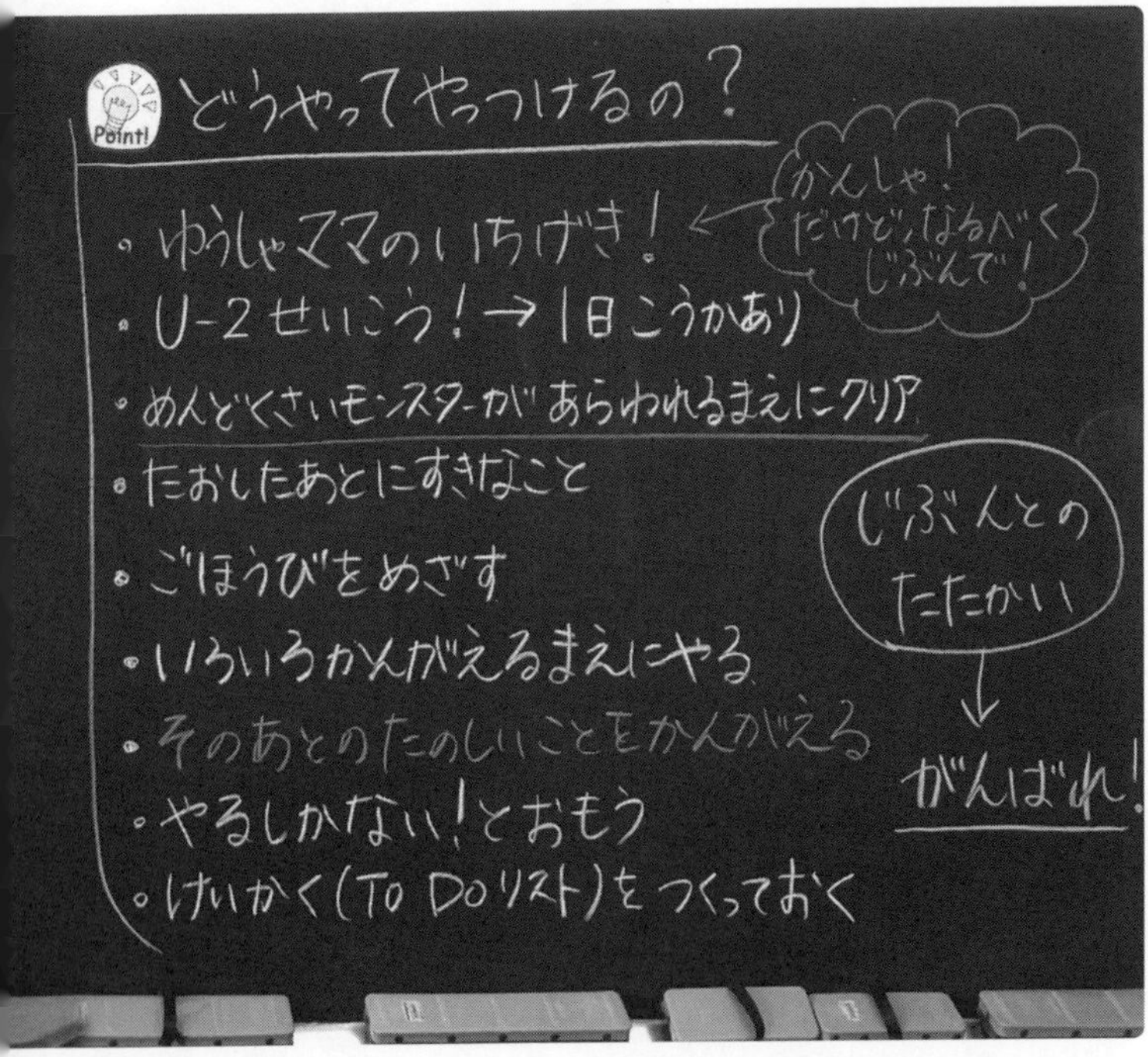
Point!
どうやってやっつけるの？
・ゆうしゃママのいちげき！
かんしゃ！だけど、なるべくじぶんで！
・U-2せいこう！→1日こうかあり
・めんどくさいモンスターがあらわれるまえにクリア
・たおしたあとにすきなこと
・ごほうびをめざす
・いろいろかんがえるまえにやる
・そのあとのたのしいことをかんがえる
・やるしかない！とおもう
・けいかく(TO DOリスト)をつくっておく
じぶんとのたたかい
がんばれ！

「めんどくさいモンスターは、みんなの心の中にいつもいる」

「このモンスターはどんなときに現れる？めんどうくさいな、と思うときは？」


「宿題をやるとき」

「つかれているとき」

「ねむいとき」

「これやれ！と言われたとき」

「ベッドからでるとき」


「どうしたらこのめんどくさいモンスターをやっつけることができるかな？」

「いつもお母さんに、「早くやりなさい」とか言われると、こわいのでやる」

「そうだね、「勇者ママの一撃」はきくね。でも、自分で何とかするにはどうすればいい？」

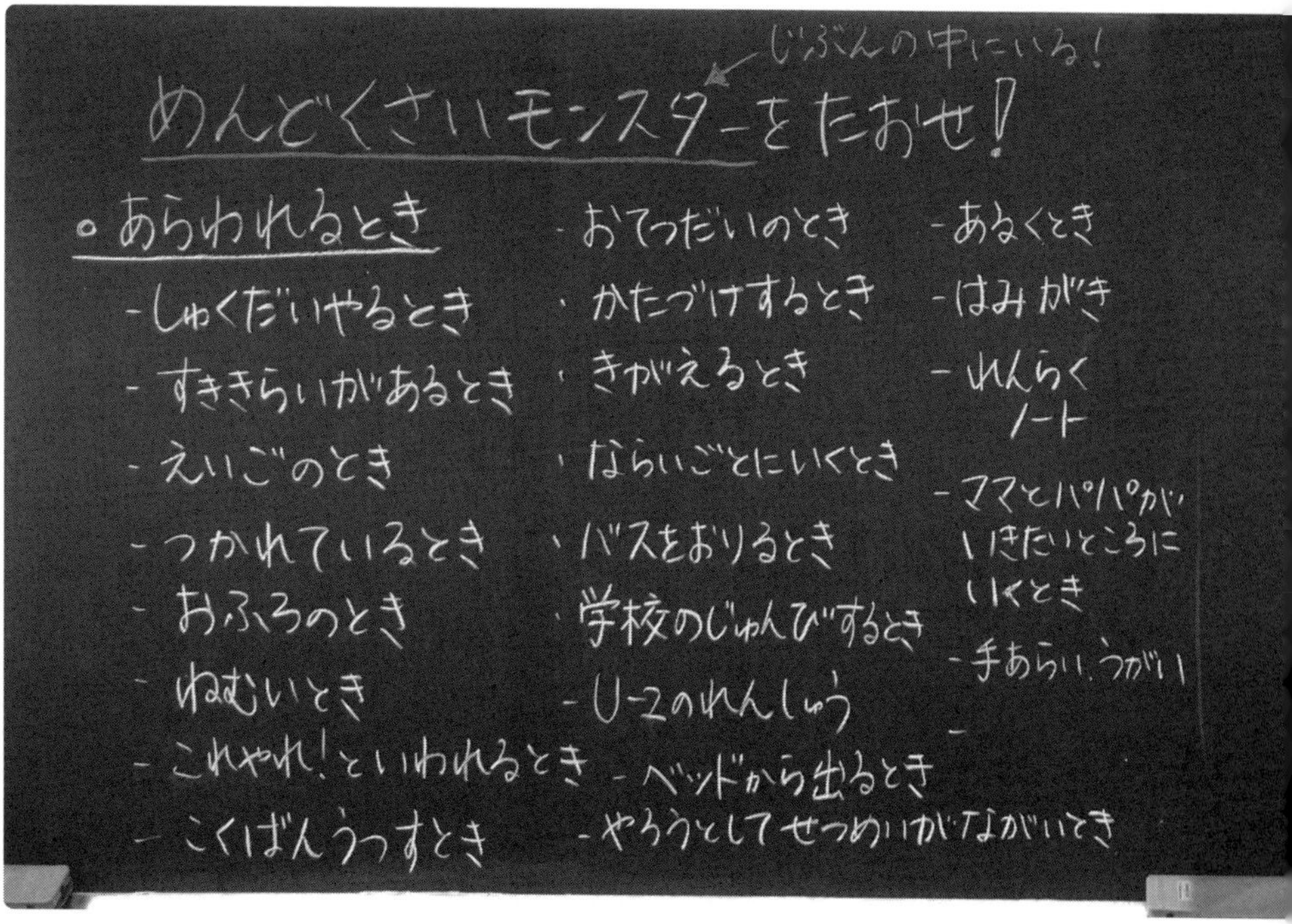
じぶんの中にいる！
めんどくさいモンスターをたおせ！
・あらわれるとき
-しゅくだいやるとき
-すききらいがあるとき
-えいごのとき
-つかれているとき
-おふろのとき
-ねむいとき
-これやれ！といわれるとき
-こくばんうつすとき
-おてつだいのとき
・かたづけするとき
・きがえるとき
・ならいごとにいくとき
・バスをおりるとき
学校のじゅんびするとき
-U-2のれんしゅう
-ベッドから出るとき
-やろうとしてせつめいがながいとき
-あるくとき
-はみがき
-れんらくノート
-ママとパパがいきたいところにいくとき
-手あらい、うがい

「めんどくさいモンスターが現れる前に、やることをやればいい！」

「そうだよ、クリアしなければならないことをリストにまとめておく」

「やることやったら、その後好きな事ができる、と思えばいいよ」

「ご褒美もらえれば、がんばる」

「ご褒美をもらうことは一時的にやる気が出るけど、ご褒美もらわなければやらないの？」

ここで、結局ボクたちはご褒美だけが目的でなく、自分の中にあるプライド（やるんだ！できるんだ！）が自分を動かしていることを図解した。

「めんどくさいモンスターを倒すのは、最後は、自分との戦いなんだ！」

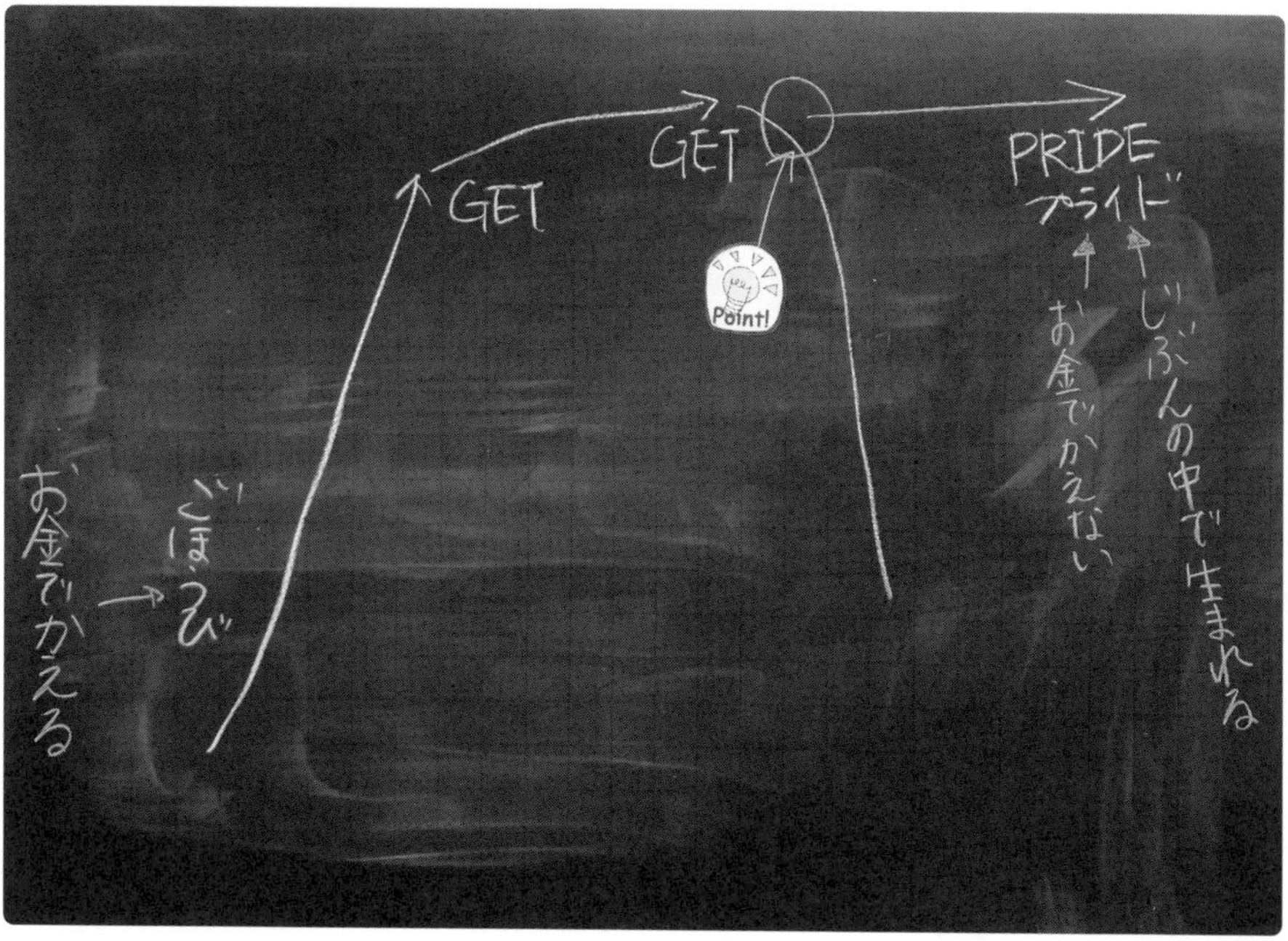
GET
GET
PRIDE
プライド
じぶんの中で生まれる
お金でかえない
Point!
お金でかえる
ごほうび

イライラコップ

「みんな毎日の生活でイライラすることあるよね」

「どんなときかな？」

「ママに早く寝なさい！とか、早くご飯食べて！とか注意されたとき」

「友達とけんかしたとき」

「お腹がすいているとき」

「行きたいところが、パパと意見が合わないとき」

「バスが混んでて降りれないとき」


「そうだね。いろいろあるね」

「でも、なんとなくそのイライラがなくなっていることない？」

「ある！ある！」


「別に楽しいことがあるとイライラを忘れていることあるね」

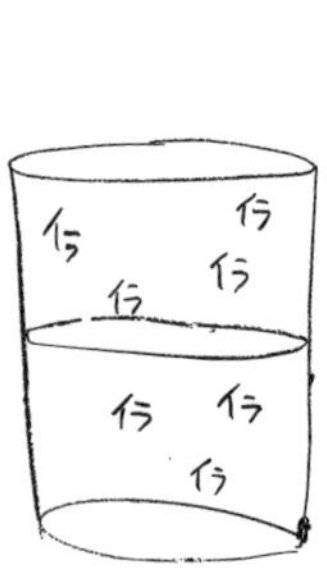

「イライラコップにたまったイライラは自然に外に出て行くんだよ」

「イライラコップってなに？」

（イライラコップの絵を板書）

「その穴、大きくできないの」

「そうだね！　取り付け式の穴をつければいいよ」

「どんな穴？」

「旅行とか、何か自分の好きなことだよ」

「はい！はい！　虫探し！」

「読書！」

「ひるね！」

「ゲーム！」

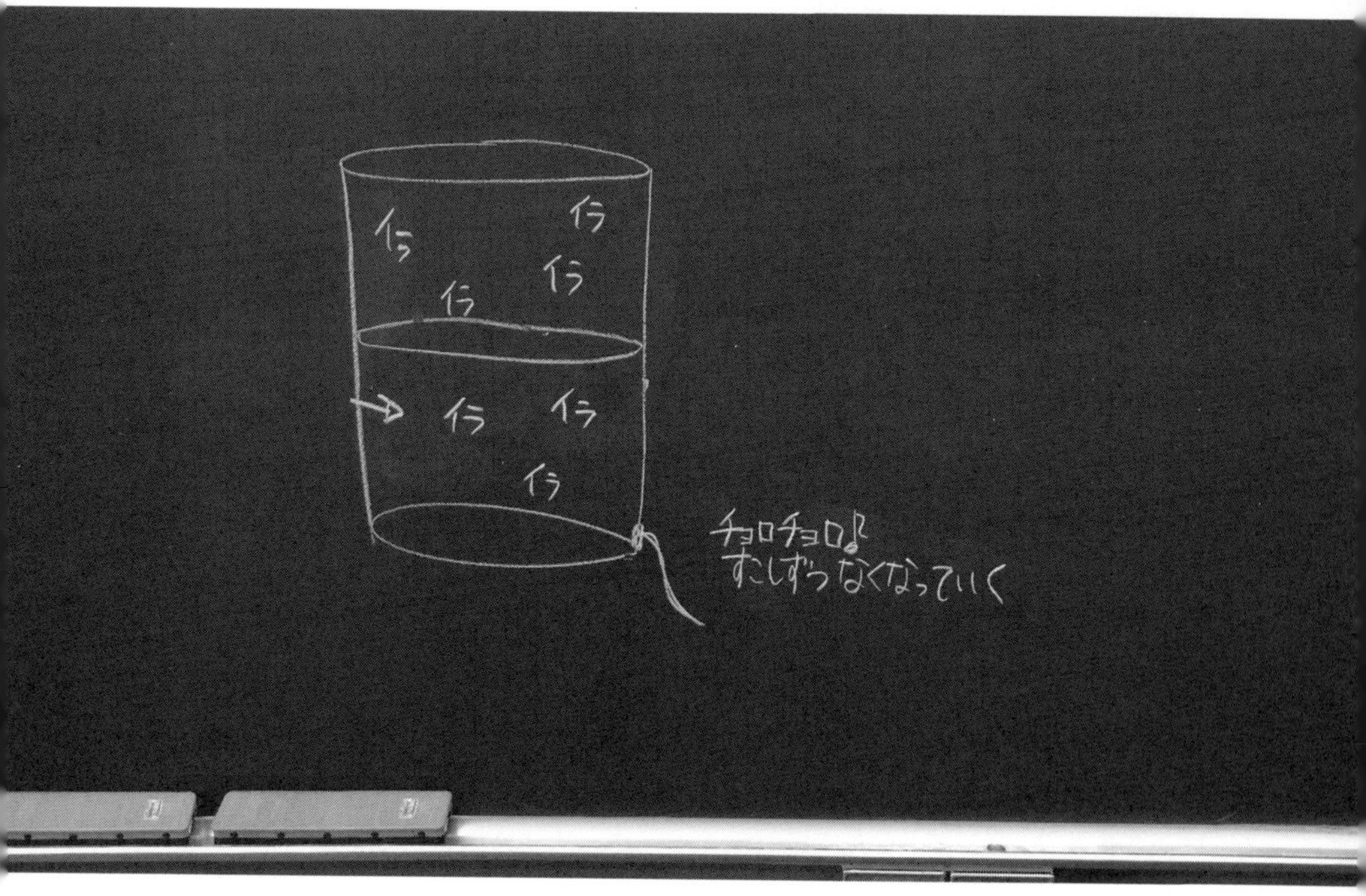
イラ
イラ
イラ
イラ
イラ
イラ
イラ
チョロチョロ♪
すこしずつなくなっていく

「どうしたらイライラが少なくなるか分かった？」

「まずコップを大きくすればいいよ」

「自分なりの取り付け式の穴を見つけます！」


なぜ、イライラするのか。どうすればイライラは解消するのか。

1年生が自分のことをコップに見立てて、客観的に見つめる。

そんな機会を創る授業ができた。

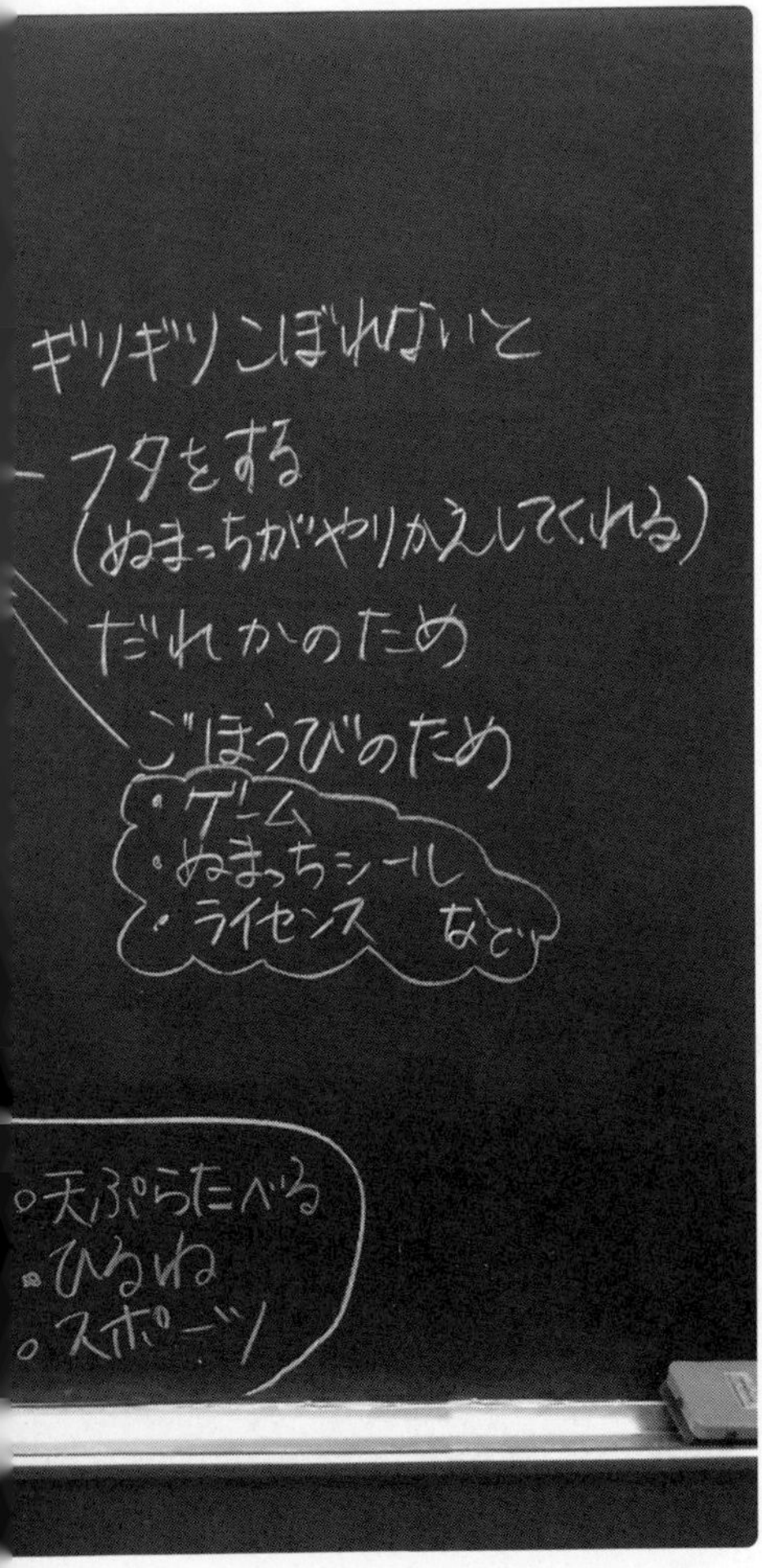

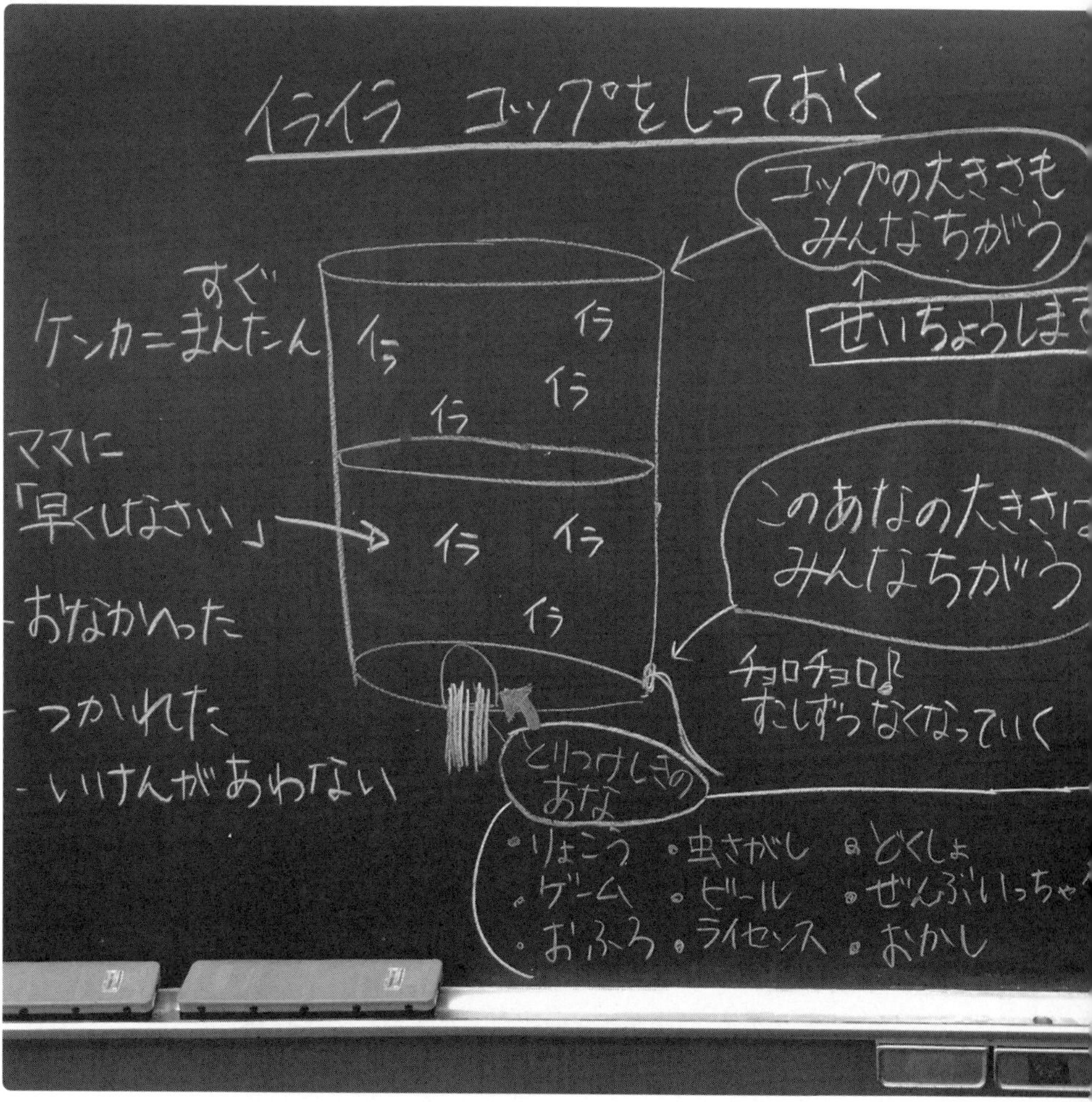
イライラ コップをしっておく
コップの大きさも みんなちがう
せいちょうしま
すぐ ケンカ＝まんたん
イラ
イラ
イラ
イラ
ママに「早くしなさい」
イラ
イラ
イラ
おなかへった
つかれた
いけんがあわない
このあなの大きさは みんなちがう
チョロチョロ
すこしずつ なくなっていく
とりつけしきの あな
・りょこう ・虫さがし ・どくしょ
・ゲーム ・ビール ・ぜんぶいっちゃ
・おふろ ・ライセンス ・おかし

作文マイスターになろう

「インパクトライティングやＮＧワード。いろいろやってきたけど、作文が上手になる！に名前つけない？」

「作文マスター！」

「作文のプロ！」

「マスターのことを英語以外ではマイスターとかマエストロとか言うんだよ」

「マイスターがいい！マイスターって、マイ・スター★にしたい！」

作文の単元は「作文マイスター」に決まった。

子どもたちの作文で多いのは、「～しました。～しました。楽しかったです」

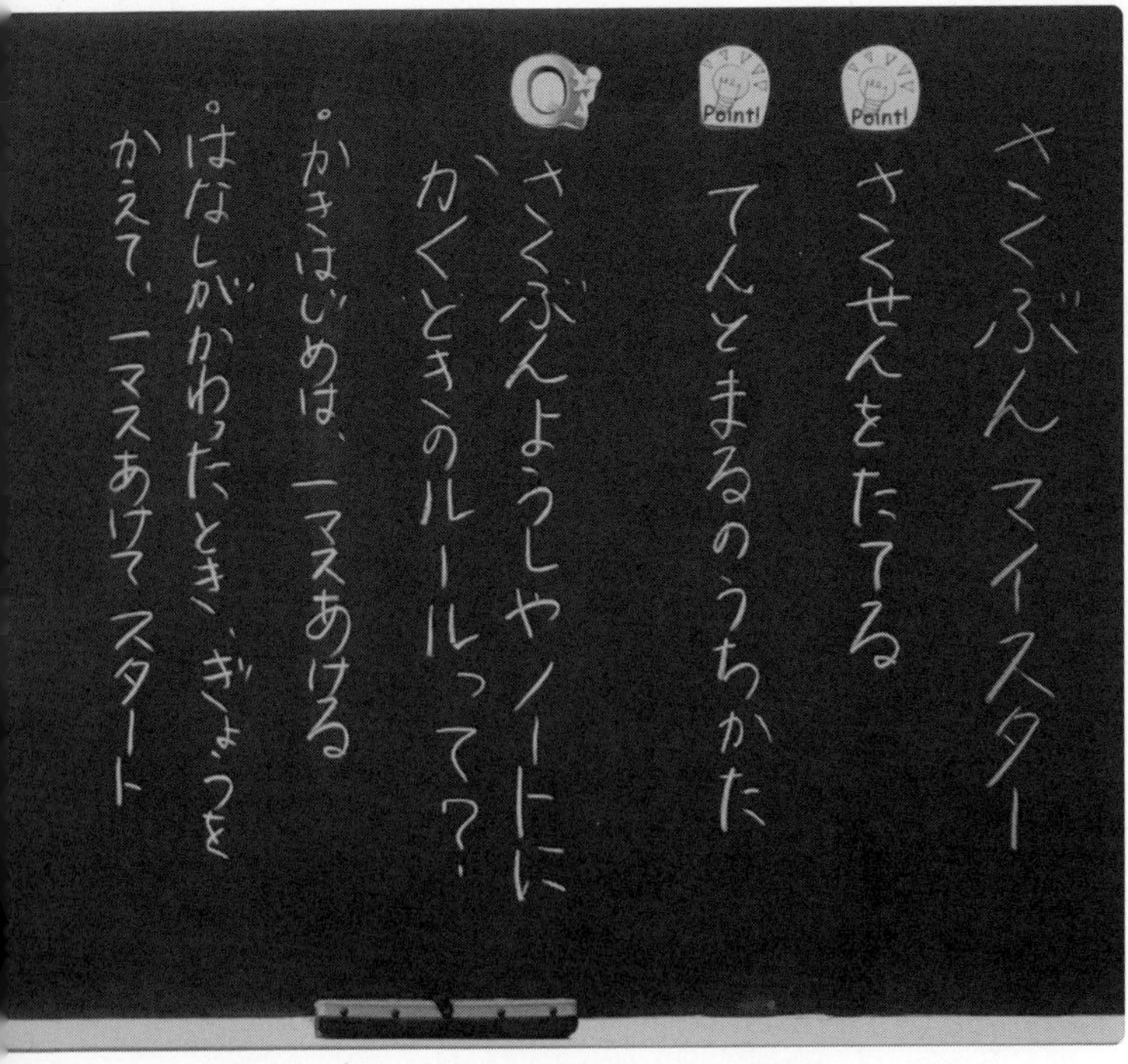

さくぶんマイスター
Point!
さくせんをたてる
Point!
てんとまるのうちかた
さくぶんようしやノートにかくときのルールって？
・かきはじめは、一マスあける
・はなしがかわったとき、ぎょうをかえて、一マスあけてスタートといっただらだら時系列文である。

　書こうと決めたことを書き出すと、はじめから思い出し、あったことをひたすら書き、一番書きたいことを書く頃には疲れちゃう。

　だから、作戦を立てることをすすめた。

「友達と遊ぶときは、待ち合わせ場所を決めたり、どこに行くか決めたり、何して遊ぶか考えておくと、たくさん遊べるよね。つまり、〝作戦〟を立てるよね？　なんで作文のときは立てないの？」

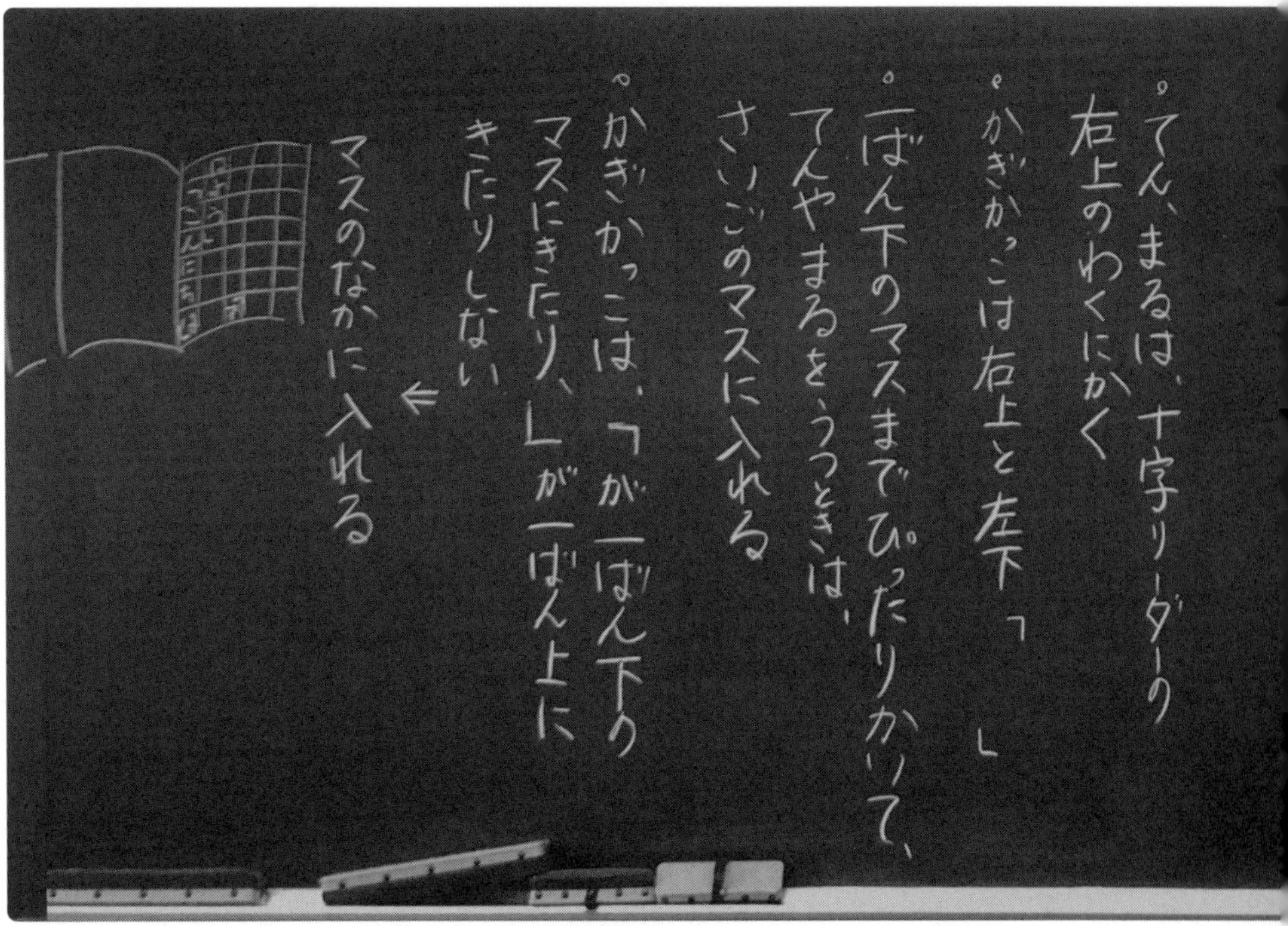
。てん、まるは、十字リーダーの
右上のわくにかく
。かぎかっこは右上と左下「　」
。一ばん下のマスまでぴったりかいて、
てんやまるをうつときは、
さいごのマスに入れる
。かぎかっこは、「が一ばん下のマスにきたり、」が一ばん上にきたりしない
マスのなかに入れる

「作文も作戦があるの？」

「あるある」

子どもたちは、作文を書き始める前に、マッピング、ウェビングのような図を書いたり、箇条書きにしたりして「一番書きたいこと」は何かを明確にした。この方法で「書きたいこと」「P」を中心に文章が書けるようになっていった。

書きたいことが中心に書かれると、「C」も進む。それをシェアすると、「お母さんに、いきなり上手になったと褒められた！」

そりゃそうだ。保護者の皆さんにしても、あったことが並ぶより、気持ちが沢山こもった作文を読みたいはずだから。

「作文のコツが分かったみたいだけど、

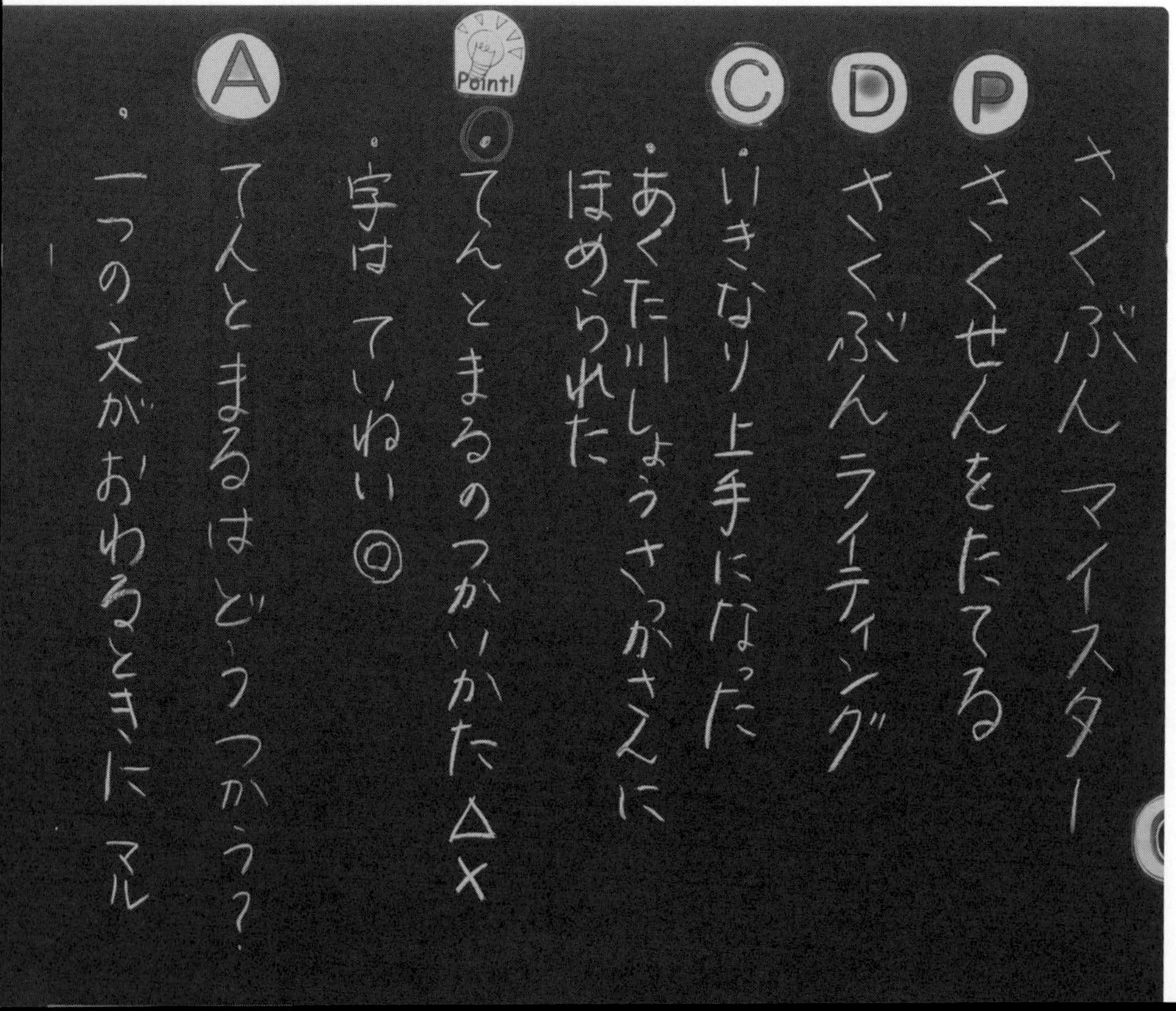

さくぶんマイスター
P さくせんをたてる
D さくぶんライティング
C ・いきなり上手になった
・あくた川しょうさっかさんにほめられた
Point!
◎てんとまるのつかいかた△×
・字はていねい◎
A てんとまるはどうつかう？
・一つの文がおわるときにマル

書いていて気になることなかった？」

「〝てん〟や〝まる〟の使い方がだめだった」

「よし、じゃあ、どういうときにてんやまるを打ったらいいか、考えてみよう」

子どもたちのCから、新しいAが生まれる。このAのために行う授業は、子どもたちも目の色が違う。自分たちで見つけた課題を解決するためにサポートしてくれる授業。自主的に課題を見つけ、その解決法を考えることが授業であるなら、それはそれでアクティブだ。

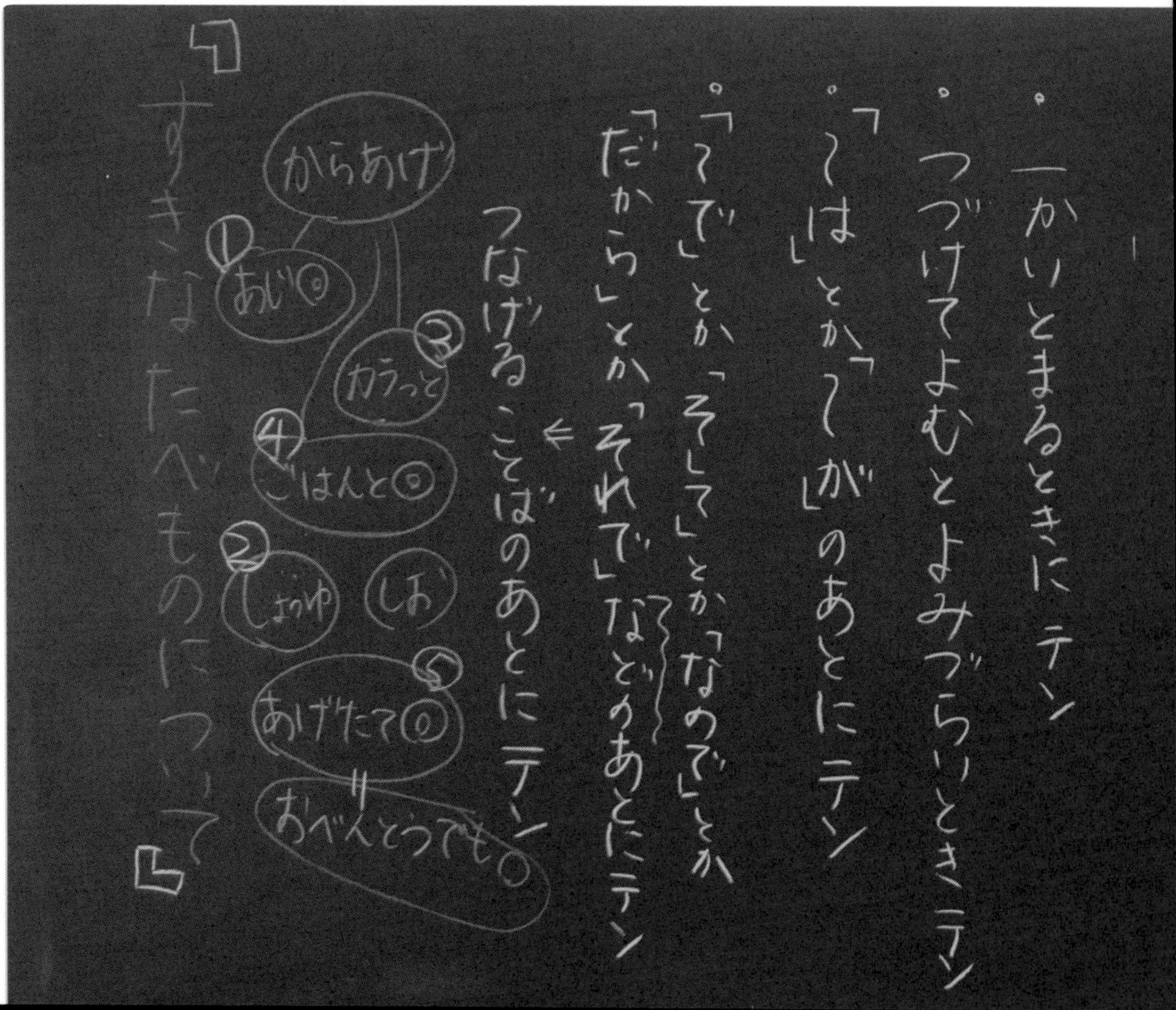
・一かいとまるときにテン
・つづけてよむとよみづらいときテン
・「〜は」とか「〜が」のあとにテン
・「〜で」とか「そして」とか「なので」とか「だから」とか「それで」など〜てのあとにテン
⇐つなげることばのあとにテン
「すきなたべものについて」
からあげ
①あじ◎
③カラっと
④ごはんと◎
②しょうゆ
しお
⑤あげたて◎
おべんとうでも◎

イライラコップ2

「この前、イライラコップやったよね」

「コップにイライラが溜まっちゃったら、早くイライラ水を外に出したほうがいいけど、そもそも、イライラが溜まらないほうがいいよね」

「だからイライラを溜めないイライラガードを考えてみよう！」


半分くらいは、イライラが溜まったあとの対処法の発言がほとんどである。でも、自由に活発に発言させるために、がまん！がまん！

そのうち、だんだん事前対処法に発言が変わっていった。


「何か言われたら、褒められてると思う」

「自分に対してのありがたいアドバイスと感じるんだね」

「すぐあやまっちゃう」

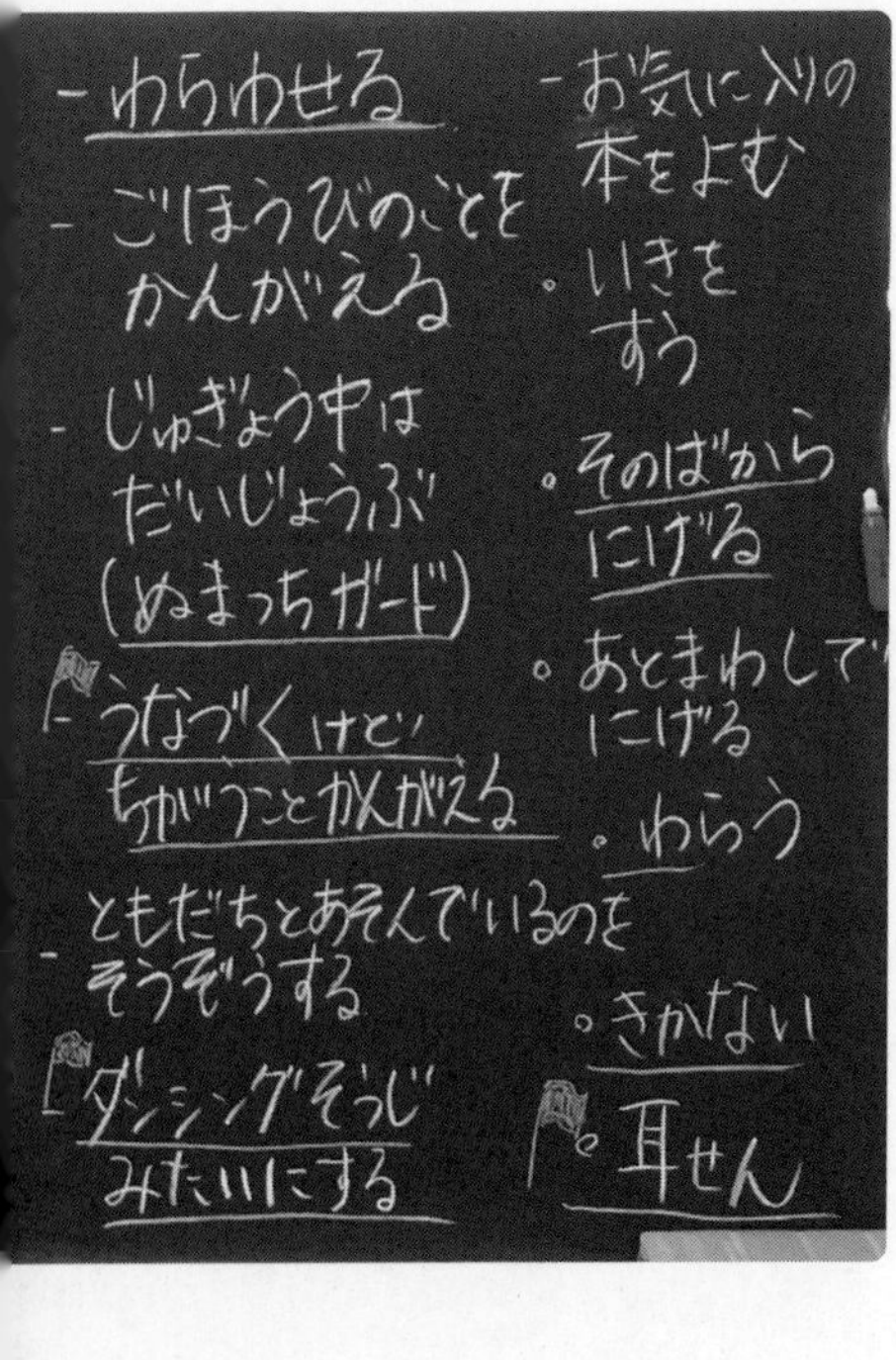

- わらわせる
- ごほうびのことをかんがえる
- じゅぎょう中はだいじょうぶ（ぬまっちガード）
- うなづくけど、ちがうことかんがえる
- ともだちとあそんでいるのをそうぞうする
- ダンシングそうじみたいにする
- お気に入りの本をよむ
・いきをすう
・そのばからにげる
・あとまわしでにげる
・わらう
・きかない
・耳せん

「注意される時間を短くするんだね」

「わらわせる」

「楽しくしちゃうのか」

「もう聞かない！聞いてるふりをする」

「聞かないのね（笑）」

1年生でも生活していく上で、ストレスと向き合うことになる。かかってしまったストレスとどう向き合うか、どう解消するかも大切だけど、ストレスがかからない生活を送るための方法（イライラガード）も大切だと思う。いずれにしても自分で考え、行動できるようになってほしい。

イライラ
ガード

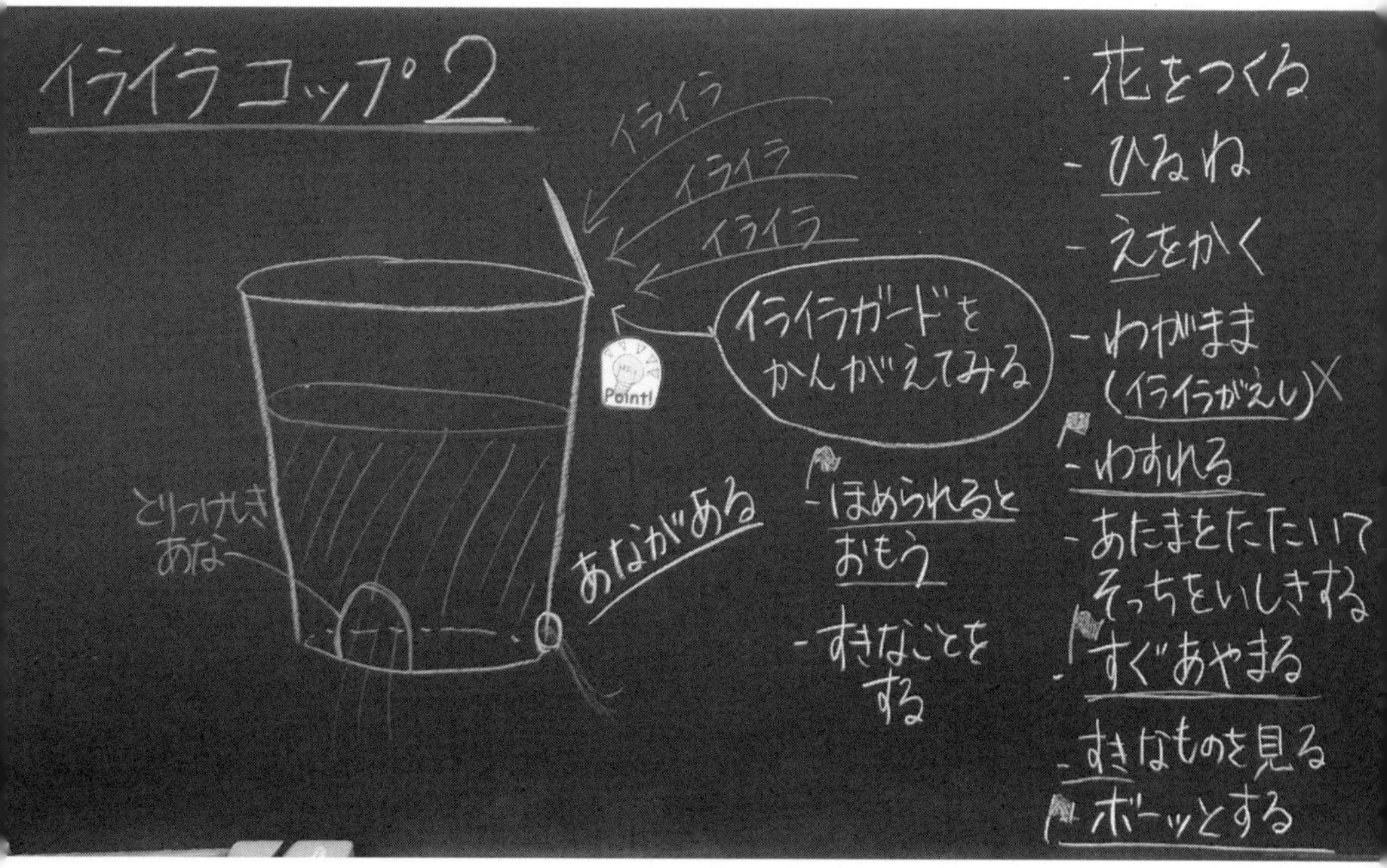
イライラコップ2
イライラ
イライラ
イライラ
イライラガードを
かんがえてみる
Point!
とりつけしき
あな
あながある
-ほめられるとおもう
-すきなことをする
-花をつくる
-ひるね
-えをかく
-わがまま
(イライラがえし)×
-わすれる
-あたまをたたいてそっちをいしきする
-すぐあやまる
-すきなものを見る
-ボーッとする

1年かんのC

3学期末の保護者会が予定されている日の4時間目。

子どもたちに、1年間でできるようになったことを考えさせた。

「おかわりたくさんできるようになった」

「スキキライはオモイコミとわかった」

「PDCAができるようになった」

「とけいがかんぺきによめる」

「N-1（日記）がうまくなった」

「U-2がはやくなった」

「KG3でごうかくがおおくなっ

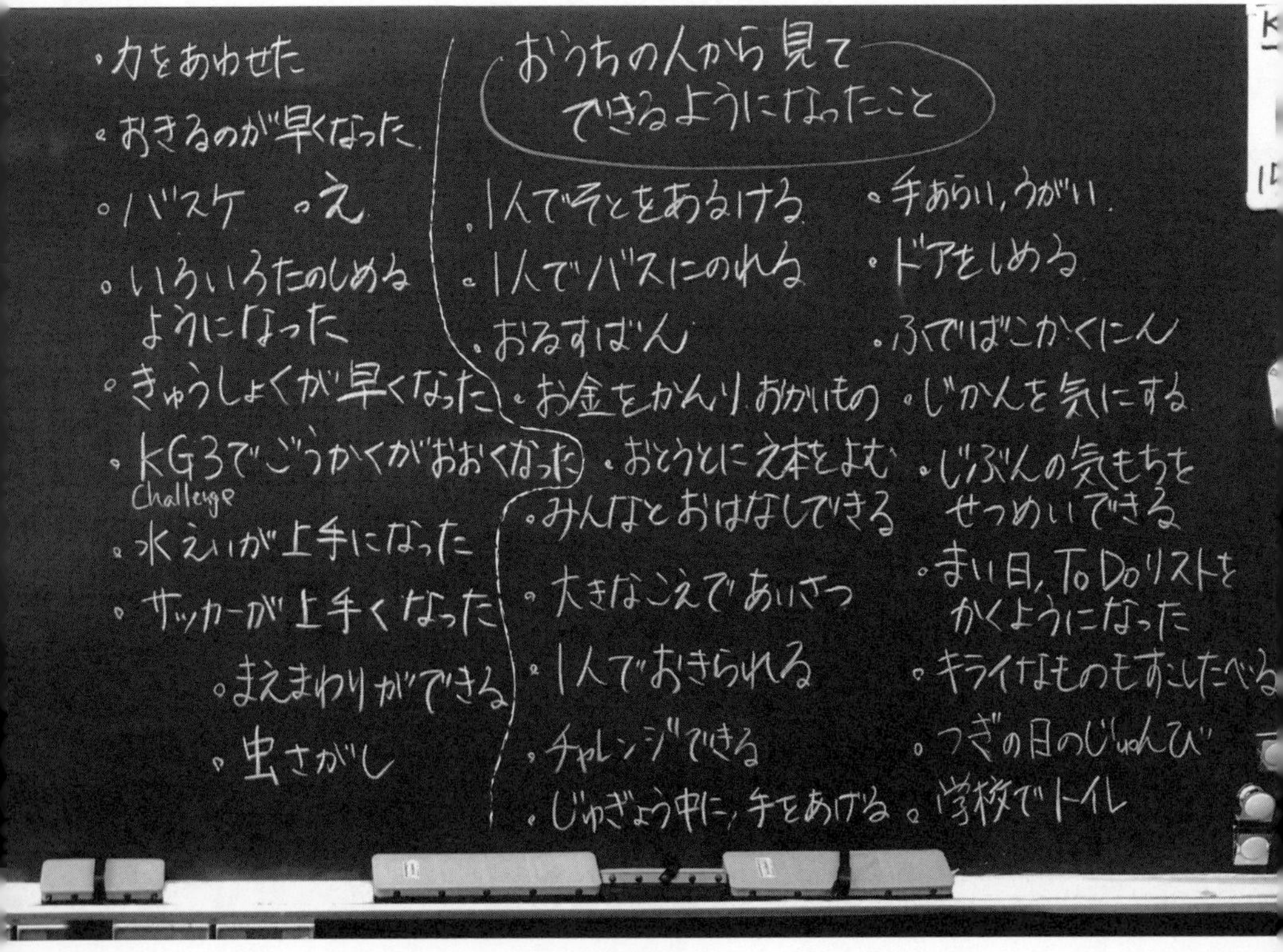

おうちの人から見て できるようになったこと
・力をあわせた
・おきるのが早くなった
・バスケ
・え
・いろいろたのしめるようになった
・きゅうしょくが早くなった
・KG3でごうかくがおおくなった
Challenge
・水えいが上手になった
・サッカーが上手くなった
・まえまわりができる
・虫さがし
・1人でそとをあるける
・1人でバスにのれる
・おるすばん
・お金をかんり おかいもの
・おとうとに え本をよむ
・みんなとおはなしできる
・大きなこえであいさつ
・1人でおきられる
・チャレンジできる
・じゅぎょう中に、手をあげる
・手あらい、うがい
・ドアをしめる
・ふでばこかくにん
・じかんを気にする
・じぶんの気もちをせつめいできる
・まい日、To Doリストをかくようになった
・キライなものもすこしたべる
・つぎの日のじゅんび
・学校でトイレ

た」

自分たちの成長をたくさん認識できていた。

子どもたちの意見をたくさん板書したあと、右半分を空けておいて、そのまま午後の保護者会を迎えた。そして保護者の皆さんに聞いてみた。

「黒板に書いてあることは、子どもたちが1年間でできるようになったと思っていることです。保護者の方から見て、できるようになったことってなんですか?」

「1人で外出できるようになった」

「みんなとお話しできるようになった」

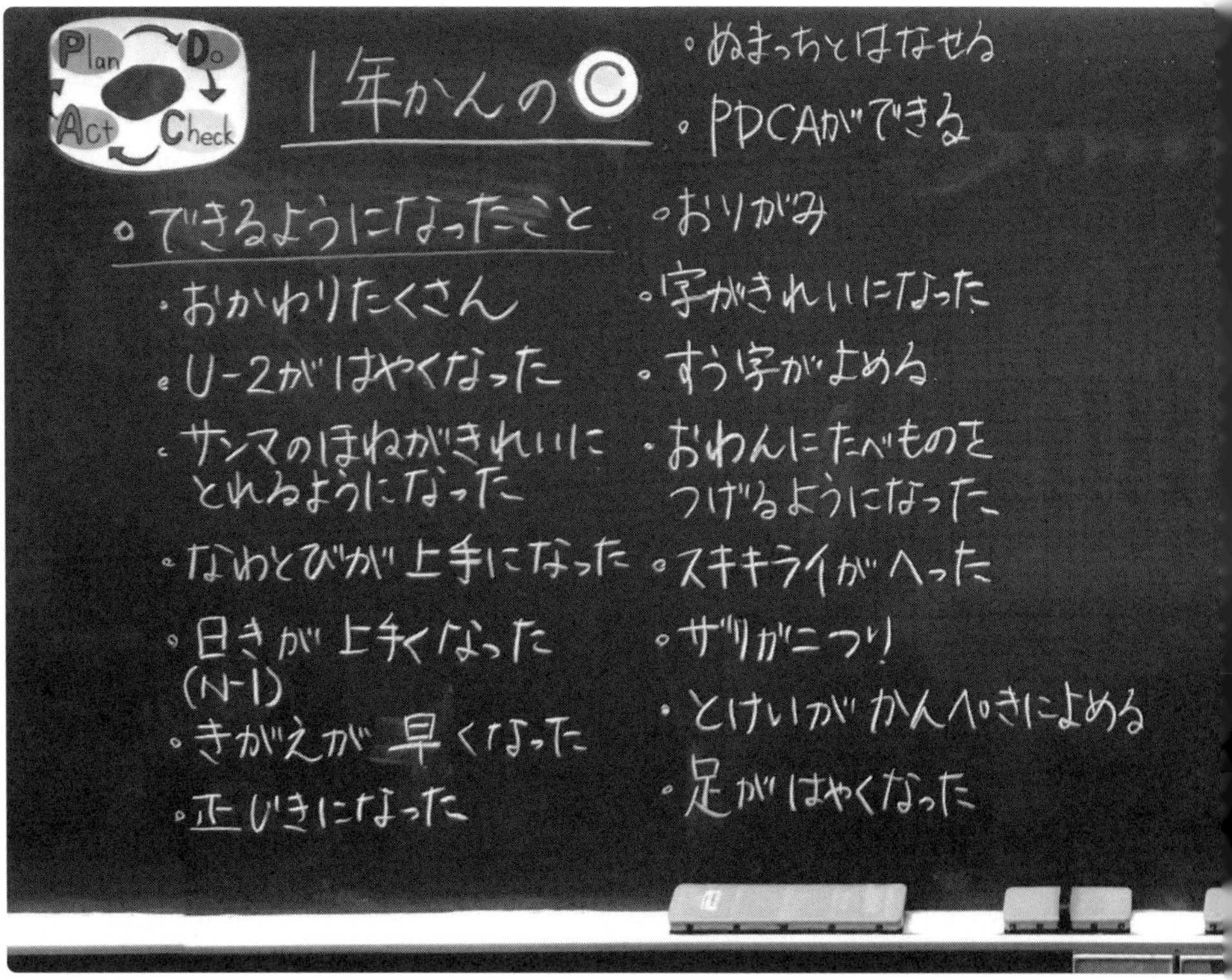
Plan
Do
Act
Check
1年かんの C
・できるようになったこと
・おかわりたくさん
・U-2がはやくなった
・サンマのほねがきれいにとれるようになった
・なわとびが上手になった
・日きが上手くなった (N-1)
・きがえが早くなった
・正じきになった
・ぬまっちとはなせる
・PDCAができる
・おりがみ
・字がきれいになった
・すう字がよめる
・おわんにたべものをつげるようになった
・スキキライがへった
・ザリガニつり!
・とけいがかんぺきによめる
・足がはやくなった

「ドアを閉めるようになった」
「毎日 To Do リストを書くようになった」
「キライなものも少しは食べるようになった」
「時間を気にするようになった」

親子で違いがあって面白い。

子どもたちは「うまくなった」ことが中心であるのに対し、親たちは「1人でできるようになった」ことが中心なのである。

これを見て、みなさんはどう思うだろうか？

これからの教育のヒントとなるかもしれない。

さぁ、考えてみて。

おまけ

N-1

Notebook for the One の略。学級通信「The One」の自分版ということから、N-1ノートと名付けられた。日記の他に、漢字練習、作文練習、調べごとなど、すべてのことを書き込んで良いノート。毎日提出。毎日コメントして即日返却。

U-2

Under 2minutes の略。2分以内に計算を完了させる計算トレーニング。F1のテーマに乗せて計算トレーニング完了までのタイムを競う。

KG3

漢字テストが始まったとき、「ぬまっち！漢字テストもなんか名前つけようよ！」となり、みんなで話し合った。「漢字だからKGは？」「N-1、U-2ときてるから、KG3にしよう！」と決まった。

漢字（カンジ）はホントはKJだけど、子どもたち発案は採用が基本。

最高のクラス

世界一のクラスってなんだろう？

何をしたら世界一だろう？

大人になって、友達と小学校の話をすると、出てくるのはなにかやらかした話と、ちょっと変わった先生の話ばかり。自分たちが活動してきた楽しいこと、すごいことはあまり語られない。だから、その時、「俺たちこんなに楽しいことしたよな」と思い出してほしい。

そんな話で溢れたとき、「そっちのクラスも楽しかったけど、俺たちも楽しかったよ」

そう、勝たなくても、負けなければいい。引き分けでもいい。

ずっと負けなければ世界一。

だから、世界一のクラスはいくつあってもいい。

ボクのクラスはこの1年生が7代目（現在は9代目タンニン中）。

すべてのクラスが世界一だと思う。だって比べられないし。メンバーも違うし、ボクも年齢を重ねてるから違う。

自分たちが楽しかった！

そんなクラスが世界一のクラスだから。

5月に声が出なくなったとき、振り返り（C）をしてみた。

なんで声が出なくなったのか？今まで通りのつもりだけど……

その頃、ふと気がつくと、ちょっとした空き時間を見つけると、教室の前の花壇にホースで水をまいていることが多くなっていた。高学年に話していた感じで話しかけてしまい、1年生がポカーンとする。通じてない。焦る。必死に言葉を探してなんとかする。そして、うまく言えなかった自分にイライラする。そんな時、教室の外にある花壇に水をまいた。水が空中に舞っているのを見るとなんとなく落ち着いた。なんて言ったら良かったんだろうなって。

元教え子の5年生が「ぬまっちがんばれ」とメッセージをくれたのはそんな姿を見ていたからだろう。ぬまっちが花壇に水まいてる（笑）。なんかあったんじゃない？って感じたんだろう。

そう。頑張りすぎていた。子どもたちを信じていなかった。1年生だからできないと決めつけないつもりだったが、自然と指示が多くなってたんじゃないか？もっと1年生の力を信じて頼ればいいんじゃないか？今までみたいに子どもたちに任せればいいんじゃないか？

そう思って、もう1度子どもたちを観察してみた。ただ見ているだけでは見えないことも、意識して観察すると意外に見えるもの。いるじゃない！いろいろできる子！

最初に見つけたのは、給食の配膳のときに、先を見通し、次々に準備するKがいた。この子に任せればいいんだ！Kを給食監督に指名した。Kはテキパキと給食当番をリードして見事に配膳を仕切っていた。そうなると、危険だから先生が配膳していたスープも「私できます！」と立候補する子が現れた。「家で練習しているから大丈夫！」と。おそるおそる配膳の様子を見ていると……あら、上手。すると他の子も、「家で練習してきたから」とスープの配膳ができる子が増えていった。もちろん、明らかに危なっかしい場合は「もうちょっと練習してからね」と〝補講〟を言い渡すこともあったが（笑）。このあと、タンニンは指示する回数はほとんどなくなった。子どもたちは子どもたちなりに考えて行動するようになり、気がつけば7代目世界一のクラスといえる素晴らしいクラスになった。

子どもたちのために！こう思って先生は「頑張る」。

子どもたちのために先生は良い授業をする。

これって主語が「先生」になる。学びの主語は「子どもたち」じゃなきゃ！


子どもたちのためってなんだろう？

先生が良い授業だと思っていても、子どもたちが学ばなければ意味がない。逆に、授業うまく行かなかったなって思っても、子どもたちが学んでたらそれでいいんじゃないか？

子どもたちが学ぶってことが何よりも大切で、そのために、先生が何をするか。いや、何もしないでもいいのかもしれない（もちろん見守ることはするけど）。


先生がどれだけ頑張るかはポイントではない。【子どもたちがどれだけ学ぶか】がポイントだ。そのために、どう仕掛けるか、どういうシステムを作るか。そして信じて任せる。どの学年でも同じだなって再確認できたこと。ほら、やっぱりターニングポイントになった。

読んでいただいたみなさんにとっても、きっとどこかにターニングポイントがあるはず。子どもたちのために頑張りすぎていることもあるかもしれない。だから振り返ってみよう。リアルCは、できない自分を認識することもあるから辛いときもあるけど、リアルCができたら必ずリアルAがある。実はもっと「気楽に」実践したほうが子どもの学びは大きいのかもしれないよ。みなさんの【得意技】が生まれること、楽しみにしてます！

最後に、1年間いっしょに過ごした、東京学芸大学附属世田谷小学校2018年度1年1組「The One（7代目世界一のクラス）」のみんな、ありがとう。そして、1学期末の保護者会で水まきの話を笑いながら聞いて、花壇の写真を撮って帰ったり、「大人にはもたれる～」と言いながらも、子どもたちにつきあって週に何回もサンマを食卓に並べてくれたり、いつも温かく見守ってくれた保護者の皆様へ感謝の気持ちを添えて筆を置きます。

ありがとうございます。

2020年8月　沼田晶弘

著者紹介

沼田晶弘

東京学芸大学附属世田谷小学校

主な著書
- 『one and only ―自分史上最高になる―』(東洋館出版)
- 『世界標準のアクティブ・ラーニングでわかった ぬまっち流 自分で伸びる小学生の育て方』(KADOKAWA)
- 『「変」なクラスが世界を変える!』(中央公論新社)
- 『家でできる「自信が持てる子」の育て方』(あさ出版)

板書で分かる
世界一のクラスの作り方
ぬまっち1年生奮闘記

2020年10月15日　初版第一刷発行

著　者　沼田晶弘

発行者　芹澤克明

発行所　学校図書株式会社

〒114-0001 東京都北区東十条3-10-36
TEL 03-5843-9432　FAX 03-5843- 9438
http://www.gakuto.co.jp

ISBN 4-7625-0242-2　C0037 ¥1500E

定価はカバーに表示してあります。落丁・乱丁はお取替えいたします。

装丁・本文デザイン　野澤デザインスタジオ
イラストレーション　丸岡 テルジロ（表紙、9p、15p、18p、23p、67p、113p）